# Kreuzstich
# im Landhausstil

# Kreuzstich im Landhausstil

Motive aus Großmutters Zeit
Farbige Zählvorlagen

Gloria Nicol

Fotos von Debbie Patterson

Augustus Verlag

Die Deutsche Bibliothek –
CIP-Einheitsaufnahme

**Kreuzstich im Landhausstil** : Motive aus Grossmutters Zeit ; farbige Zählvorlagen / Gloria Nicol. Fotos von Debbie Patterson. [Übers.: Hubert Roth]. – Augsburg : Augustus-Verl., 1997
    ISBN 3-8043-0459-1

*In der gleichen Ausstattung sind im Augustus Verlag auch folgende Bände erschienen:*
*Sue Thompson: Nähen im Landhausstil*
*Karen Elder: Sticken im Landhausstil*
*Diana Vernon: Perlen und Pailletten*

Die englische Originalausgabe erschien bei Quadrille Publishing Limited, London, unter dem Titel:
Cross Stitch – Projects, Techniques, Motifs
© Copyright Text, Gestaltung und Layout 1995 Quadrille Publishing Limited
© Copyright Projektfotografie 1995 Debbie Patterson
© Copyright Detailfotografie 1995 Dave King

Das Werk einschließlich aller seiner Teile ist urheberrechtlich geschützt. Jede Verwertung außerhalb des Urhebergesetzes ist ohne Zustimmung des Verlages unzulässig und strafbar. Das gilt insbesondere für Vervielfältigungen, Übersetzungen, Mikroverfilmungen und die Einspeicherung und Verarbeitung in elektronischen Systemen.
Es ist deshalb nicht gestattet, Abbildungen dieses Buches zu scannen, in PCs oder auf CDs zu speichern oder in PCs/Computern zu verändern oder einzeln oder zusammen mit anderen Bildvorlagen zu manipulieren, es sei denn mit schriftlicher Genehmigung des Verlages.

Die im Buch veröffentlichten Ratschläge wurden von Verfasserin und Verlag sorgfältig erarbeitet und geprüft. Eine Garantie kann dennoch nicht übernommen werden. Ebenso ist eine Haftung der Verfasserin oder des Verlages und seiner Beauftragten für Personen-, Sach- und Vermögensschäden ausgeschlossen.

Jede gewerbliche Nutzung der Arbeiten und Entwürfe ist nur mit Genehmigung von Verfasserin und Verlag gestattet.
Bei der Anwendung im Unterricht und in Kursen ist auf dieses Buch hinzuweisen.

Übersetzung: Hubert Roth, Augsburg
Fotografie: Debbie Patterson, Dave King
Illustrationen: Keith Jackson, Colin Salmon
Lektorat der deutschen Ausgabe: Helene Weinold-Leipold
Umschlaggestaltung: Christa Manner, München, unter Verwendung eines Fotos von Debbie Patterson

Augustus Verlag Augsburg 1997
© Weltbild Verlag GmbH, Augsburg

Satz: satz-studio gmbh, Bäumenheim
Druck und Bindung: Mandarin Offset Ltd

ISBN 3-8043-0459-1

Printed and bound in China

# Inhalt

| | |
|---|---:|
| *Einleitung* | *7* |
| *Die ersten Schritte* | *8* |
| *Im Schlafzimmer* | *20* |
| *Bei Tisch* | *38* |
| *Im Wohnzimmer* | *52* |
| *Allerlei Nützliches* | *80* |
| *Muster und Motive* | *97* |
| *Register* | *110* |
| *Danksagung* | *112* |

# *Einleitung*

Der Kreuzstich ist zweifellos der vielseitigste Stickstich – und dabei so einfach! Schon mit diesem einen Stich lassen sich dekorative Bordüren, Motive und Felder herstellen, mit denen einfarbige Stoffgewebe geschmückt werden. Das Ausführen des Kreuzstichs hat etwas ausgesprochen Befriedigendes an sich. Die zwei Arbeitsschritte, mit denen jeder Stich geformt wird, erzeugen eine vollkommene und angenehme Symmetrie und können beliebig oft wiederholt werden, um geschlossene Flächen zu bilden oder um zart geschwungene und verschlungene Linien oder zierliche Durchbruchmuster zu gestalten.

Mit den ersten grob gearbeiteten Kreuzstichen wurden zunächst Tierhäute zusammengenäht, die als lebensnotwendige Kleidung oder Behausung dienten. Aus diesen bescheidenen Anfängen entstand die Stickerei als Handwerk, das sich im Lauf der Jahrhunderte von einer rein praktischen Methode der Kleiderherstellung zu der höchst dekorativen und kreativen Tätigkeit entwickelte, als die wir sie heute kennen. Die geringe Haltbarkeit von Naturfasern hat zur Folge, daß uns nur wenige Beispiele früher Stickerei erhalten sind, aber Stoff-Fragmente aus der Zeit um 500 v. Chr., die man an Ausgrabungsstätten in Ägypten gefunden hat, belegen, daß bereits damals der Kreuzstich zu dekorativen Zwecken verwendet wurde.

Im Laufe der Zeit wurde der Kreuzstich für viele Kulturen rund um den Globus zu einem wichtigen Bestandteil der Volkskunst und des kunsthandwerklichen Erbes. Es entstanden unverwechselbare Muster- und Farbvariationen, die schließlich zum Erkennungszeichen für die jeweiligen Länder und Regionen wurden. So führte man den Kreuzstich in China fast ausschließlich in dunkelblauem Garn auf gazeartigem weißem Kleiderstoff aus. Ein eigenständiger europäischer Stickstil etablierte sich im 16. Jahrhundert, und zwar in Form von leuchtend gefärbten Garnen in Rot und Blau als vorherrschenden Farben, zu denen oft noch Braun und Schwarz kamen, um Umrisse zu betonen und dramatische Effekte zu erzielen. Viele dieser regionalen Spielarten weisen jedoch gemeinsame Merkmale auf und bringen dadurch Muster hervor, die die Menschen über Grenzen hinweg ansprechen.

Da es nur einen Stich zu beherrschen gilt, und nur ein Minimum an Material vonnöten ist, dauert es nicht lang, bis man eine geschickte Stickerin ist. Wie weit man es in diesem Metier bringt, hängt ganz davon ab, mit wieviel Geduld man ausgestattet ist. Der Kreuzstich an sich ist ausgesprochen unkompliziert, aber gerade das Ausführen dicht gestickter Flächen erfordert doch einiges Stehvermögen. Auf den folgenden Seiten finden Sie eine Auswahl an modernen und traditionellen Mustern, die alle »Leistungsstufen« ansprechen werden.

# Die ersten Schritte

Der Kreuzstich nach Zählvorlage war eine der traditionellen bäuerlichen Stickarten in Europa, mit der sich eine Vielzahl von Gegenständen, von häuslichen Textilien bis zur Alltagskleidung, verschönern ließ. Kreuzstiche werden in zwei Arbeitsgängen auf der Oberseite des Stoffes gebildet: Auf einen diagonalen Grundstich – gewöhnlich von links unten nach rechts oben – folgt ein ebenfalls diagonaler Deckstich. Damit ist der Kreuzstich ebenso leicht zu erlernen wie auszuführen. Sie müssen nur darauf achten, daß sämtliche Deckstiche in die gleiche Richtung laufen; nur so bilden sie eine glatt und ebenmäßig wirkende Oberfläche. Dabei sollte das Beschädigen der Gewebefäden vermieden werden. Mit etwas Übung sticken Sie schließlich wunderschön geformte Kreuze, mit denen Sie dann die reizenden Muster in diesem Buch ausführen können.

# Material

Für Kreuzsticharbeiten gibt es eine große Auswahl an hochwertigen Gerätschaften und Materialien. Den Stoff sollten Sie danach auswählen, ob die fertige Arbeit robust und strapazierfähig oder zart und leicht, ob sie einfarbig oder bunt gemustert sein soll. Halten Sie einfach im Textilgeschäft um die Ecke Ausschau nach geeigneten Stoffen und Stickgarnen und lassen Sie sich das neueste Scheren-, Nadel- und Rahmensortiment vorlegen.

**Stoffe**

Der beste Hintergrund für Kreuzstickereien sind gleichmäßig gewebte Stoffe, bei denen die Anzahl der senkrecht verlaufenden Fäden (Kette) exakt der der waagerecht verlaufenden Fäden (Schuß) entspricht. Das so entstehende Gewebe bildet ein einheitliches Gitter mit gleichmäßig verteilten Löchern, durch die die Nadel geführt wird. Die Webdichte wird bei solchen Stoffen mit der Anzahl der Gewebefäden oder kleinen Webquadrate je 10 cm Stoff angegeben – ein ganz wichtiger Aspekt bei jeder Kreuzstickerei, die ja nach Zählvorlage gestickt wird. Denn je höher die angegebene Zahl der Gewebefäden ist, desto feiner, und je niedriger sie ist, desto gröber fällt der benötigte Stoff aus (siehe Stiche und Webdichte).

Auf feinem Stoff mit einer hohen Fadenzahl geraten die Stiche kleiner und ermöglichen daher feiner gearbeitete Muster als ein gröberes Gewebe. Ein gröber gewebter Stoff mit einer niedrigen Fadenzahl bedingt natürlich größere Stiche.

Die gebräuchlichsten Stoffe für Kreuzstich sind Leinen und Baumwolle, von denen gleichmäßig gewebte Versionen speziell für Zählstickereien hergestellt werden. Da diese sehr kostspielig sein können, sollten Sie zuerst einmal nachsehen, ob es sie in kleinerem Zuschnitt gibt, ehe Sie sie als Meterware kaufen.

### Leinen

Schon seit Jahrhunderten ist Leinen, das aus den langstapeligen Flachsfasern gewebt wird, ein Stoff, den man vorwiegend für Heimtextilien hernimmt und der wegen seiner Unempfindlichkeit und Haltbarkeit immer noch beliebt ist. Auch wenn Leinen alles andere als billig ist, lohnt sich die Anschaffung. Erhältlich ist es in einer großen Auswahl an Webdichten, von grob und schwer bis extrem fein.

### Baumwolle

**Hardanger-Gewebe** ist ein gleichmäßig gewebter Baumwollstoff mit markantem Gittergewebe, bei dem die Löcher besser zu sehen sind.

**Aida-Gewebe** ähnelt dem Hardangerstoff, aber Kette und Schuß sind hier zu dichteren Gruppen verwebt, was zu einem gleichmäßigen und deutlich strukturierten Gewebe führt. Aida ist der ideale Stoff für Anfänger.

**Karostoff** eignet sich ebenfalls für Kreuzstich. Denn das eingewebte Muster bildet ein Gitter, nach dem man sich wie nach den Löchern auf gleichmäßig gewebten Stoffen richten kann.

MATERIAL

### Ungleichmäßig gewebte Stoffe
Man kann Kreuzstichmuster auch auf anderen Stoffen mit dichtem, ungleichmäßigem Gewebe ohne zählbare Fäden ausführen, wenn man Stramin als Arbeitshilfe hernimmt.

Stramin gibt es in vier verschiedenen Webdichten von 32 bis 64 Fäden/10 cm; er wird mit einer spitzen Sticknadel bestickt. Diese Sticktechnik eignet sich gleichermaßen für Motive wie für Bordüren. Besonders gut lassen sich Monogramme damit sticken, die man auf diese Weise schräg zum Fadenlauf anbringen kann (siehe »Mit Stramin arbeiten«, Seite 17).

### Stiche und Webdichte

Die Zahl der Gewebefäden auf 10 cm bestimmt die Größe des fertigen Musters, nachdem es von der Zählvorlage auf den Stoff umgerechnet wurde. Nach ihr richtet sich auch die Stärke des Garns und die Anzahl der benötigten Stränge (siehe Garne, unten). Bei Leinen- und anderen dichtgewebten Stoffen mit einer hohen Fadenzahl von 100 bis 220 Fäden/10 cm, werden die Stiche oft über zwei oder drei Gewebefäden geführt. Wenn man die Stiche auf einem Stoff mit 112 Gewebefäden/10 cm über zwei Gewebefäden arbeitet, erhält man ein Stickbild mit 56 Stichen/10 cm.

**Garne** Beim Kreuzstich verwendet man zumeist Stickgarne aus Baumwolle, Wolle oder Seide. Für die meisten Handarbeiten in diesem Buch benötigt man Baumwoll-Sticktwist, der in einer riesigen Auswahl an leuchtenden Farben erhältlich ist. Das Garn wird in kleinen Strängen verkauft, die aus sechs lose verschlungenen Fäden bestehen. Vor dem Sticken werden die einzelnen Fäden getrennt und je nach gewünschter Fadenstärke wieder zusammengenommen. Die Fäden lassen sich beim Arbeiten direkt aus dem Strang herausziehen, Sie können sie aber auch auf eine bestimmte Länge zuschneiden und auf durchlöcherter Pappe aufbewahren. Die Fäden sollten höchsten 45 cm bis 60 cm lang sein, da längere Fäden sich leicht verheddern. Wenn Sie einfädiges Stickgarn (zum Beispiel »Blumengarn«) oder Perlgarn benutzen, können Sie den Faden gleich aus dem Strang heraus verarbeiten.

### Anzahl der Fäden in der Nadel
Die Webdichte des Stoffes gibt die Anzahl der Garnfäden vor, mit denen gestickt wird (zu jeder Arbeit im Buch gibt es genaue Angaben). Wenn Sie Ihre eigenen Entwürfe verwirklichen, können Sie die folgende Tabelle als Orientierungshilfe benutzen:

| Stiche/10 cm | Fäden in der Nadel | Nadelstärke |
| --- | --- | --- |
| 36 | 3 | 24 |
| 44 | 2 oder 3 | 24 |
| 56 | 2 | 24 oder 26 |
| 72 | 1 oder 2 | 26 |
| 88 | 1 | 26 |

## DIE ERSTEN SCHRITTE

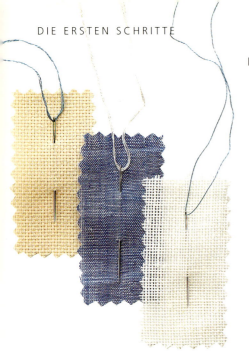

**Nadeln**  Für Stiche auf gleichmäßig gewebten Stoffen verwendet man stumpfe Sticknadeln, da diese die Stoffasern auseinanderschieben, ohne sie zu verletzen. Die Nadelstärke sollte sich nach der Dichte des Gewebes richten – sie muß leicht durch das Gewebe hindurchschlüpfen können, ohne die Fäden auseinanderzuzerren, und sollte dabei groß genug sein, um von den Gewebefäden festgehalten zu werden, das heißt sie darf nicht zwischen den Fäden durchrutschen, wenn sie eingestochen wird. Die Tabelle auf Seite 11 empfiehlt die Nadelgrößen für die unterschiedlichen Stoffstärken und Garne.

Der Kreuzstich nach Zählvorlage wird stets mit einer Nadel ohne Spitze gestickt, es sei denn, der Stoff erfordert eine spitze Nadel. Wenn man eine Stickerei über eine Auflage aus Stramin arbeitet, benutzt man feine Nadeln mit Spitze. Diese werden auch für Arbeiten mit gewebtem Karomuster oder Strukturstoffen verwendet, wie zum Beispiel beim Handtuch aus Gerstenkornleinen auf Seite 86/87. Feine Sticknadeln mit Spitze gibt es in Größen von 1 bis 10. Die folgende Tabelle zeigt Ihnen die entsprechende Nadelstärke für unterschiedliche Stoffqualitäten.

| Stoff | Fäden in der Nadel | Nadelstärke |
|---|---|---|
| feiner Batist | 1 oder 2 | 8 |
| mittlerer Batist, Segeltuch | 3 | 7 |
| schwererer Stoff | 4 oder Perlgarn | 6 |

**Schere**  Eine gute Stickschere ist eine lohnende Anschaffung und gerade für Kreuzstickereien unentbehrlich. Zudem sehen solche Scheren oft ausgesprochen hübsch aus – alte Scheren sind heißbegehrte Sammelobjekte unter Stickerinnen.

Die Schere sollte klein sein, und die Klingen müssen in scharfe Spitzen auslaufen, die den Faden sauber und ganz knapp über dem Stoff abschneiden können. Und wenn es einmal darum geht, falsche Stiche wieder aufzutrennen, wird man diese scharfen Spitzen erst so richtig schätzen lernen. Es bietet sich an, die Schere mit einem Stück farbigem Band zu kennzeichnen, um sie im Handarbeitskorb oder wenn sie Ihnen beim Sticken vom Schoß gleitet, schneller wiederzufinden. Benützen Sie eine solche Schere nur für ihre eigentliche Aufgabe und schneiden Sie auf keinen Fall Papier damit.

**Rahmen**  Im Gegensatz zu Gobelinarbeiten, wo die Stiche den Stramin vollständig bedecken, werden beim Kreuzstich nur bestimmte Partien bedeckt, das heißt, daß an einigen Stellen das Hintergrundgewebe sichtbar bleiben soll. Das bedeutet, daß die Stiche weniger dazu tendieren, den Stoff aus der Form zu bringen, weshalb ein Stickrahmen eigentlich unnötig ist. Es liegt daher bei Ihnen, ob Sie einen Rahmen benutzen oder nicht. Beim Sticken mit einem Rahmen wird die Nadel in einem anderen Winkel eingestochen, weshalb man vielleicht erst einmal ausprobiert, welche Methode man bevorzugt.

Kleine Rundrahmen können die Stiche, die zwischen den beiden Holzringen eingeklemmt werden, zusammenquetschen und verziehen. Es lohnt sich daher, die Reifen mit Leinenstreifen oder Schrägband zu umwickeln; damit hat der Stoff einen besseren Halt, und man muß die Holzreifen nicht so fest anziehen. Man tut gut daran, die Stickerei nach getaner Arbeit aus dem Rahmen zu nehmen, da der Stoff sonst aus der Form gebracht wird und sich später nur schwer weiterverarbeiten läßt.

**Arbeitsbeleuchtung**  Arbeiten Sie, wenn es irgend geht, bei Tageslicht, und ansonsten bei ausreichendem, weichem Kunstlicht. Glühbirnen mit Tageslichteigenschaften sind nicht teuer und in Läden für Künstlerbedarf und in guten Heimwerkermärkten erhältlich. Sie werden feststellen, daß sie augenfreundlicher sind als normale Glühbirnen und daß sich Farben, besonders Garne von recht ähnlicher Färbung, unter diesem Licht leichter unterscheiden lassen.

# So wird gestickt

Der Kreuzstich ist leicht zu arbeiten, und seine Grundtechnik ist schon mit ganz wenig Übung zu meistern. Anfänger sollten sich aber trotzdem die Zeit nehmen und lernen, wie man die Stiche korrekt ausführt, um sich auf diese Weise eine gewissenhafte Arbeitsweise anzueignen, die sich in sauberen, gleichmäßigen Stickereien niederschlägt. Jeder Stich erfordert zwei simple Arbeitsgänge, die schon bald in Fleisch und Blut übergehen. Und während das Sticken allmählich schneller von der Hand geht, wird man noch zusätzlich motiviert, wenn man sieht, wie sich die schönen Muster auf dem Stoff entwickeln.

**Kreuzstich**

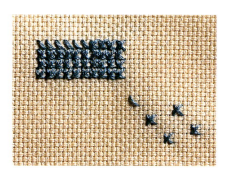

An sich werden Kreuzstiche, die einfarbige Blöcke bilden sollen, in Reihen gearbeitet. Man führt dazu eine Reihe Halbstiche in gleicher Richtung über den Stoff und überstickt diese mit diagonalen Deckstichen. Jeder Stich ist komplett auszuführen, ehe man zum nächsten übergeht. Komplexe, vielfarbige Muster werden auf diese Weise gestickt.

Ob man die Grundstiche von links unten nach rechts oben (und damit die Grundreihen von links nach rechts) oder von rechts unten nach links oben (siehe Abbildungen) stickt, ist eigentlich egal. Entscheiden Sie sich jedoch für eine Methode, damit alle Deckstiche in die gleiche Richtung weisen, es sei denn, Sie sticken Muster, die aus Feldern mit vierteiligen Motiven bestehen, wie dies bei dem Kissen auf Seite 26 der Fall ist, wo alle Teile eines Farbfeldes zum Mittelpunkt zeigen. Diese kann man ausführen, indem man ein Segment des Motivs stickt und dann den Stoff um 90 Grad dreht, um das nächste Segment zu besticken und so fort, bis alle Stiche um die Mitte gruppiert sind.

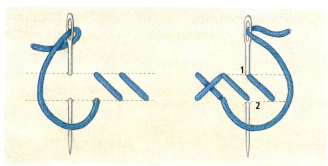

Abb. 1  Abb. 2

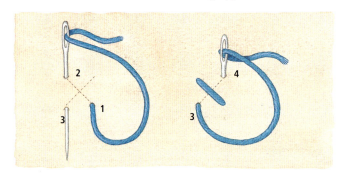

Abb. 3  Abb. 4

**In Reihen sticken:**
**1** Von rechts nach links arbeiten, die Kreuzhälften in eine Reihe sticken (Abb. 1).
**2** Von links nach rechts arbeiten, bei Punkt 1) ein- und bei 2) ausstechen (Abb. 2).

**Einzeln sticken:**
**1** Im Punkt 1) ausstechen, bei 2) einstechen und bei 3) ausstechen (Abb. 3).
**2** Bei 3) aus-, bei 4) einstechen (Abb. 4), um Grundstich zu überdecken.

**Faden beginnen**
Wenn Sie ein Feld von Stichen arbeiten, halten Sie ein Fadenende auf der Stoffunterseite fest, so daß ihn die Stiche erfassen. Wenn Sie nur wenige Stiche in einer Farbe ausführen, erfassen Sie den Faden auf der Stoffunterseite mit einigen Stichen in einer anderen Farbe.

**Faden vernähen**
Am Ende eines Farbfeldes oder wenn der Faden zu kurz wird, den Faden auf die Unterseite durchziehen und die Nadel unter ein paar Stiche in der gleichen Farbe führen, so daß der Faden fest erfaßt wird. Schneiden Sie ihn knapp über dem Stoff ab, damit die Unterseite ordentlich aussieht. Wenn Stickflächen der gleichen Farbe nahe beieinander liegen, befestigen Sie den Faden unter anderen Stichen auf der Unterseite der Arbeit, um durchgehend sticken zu können.

SO WIRD GESTICKT

**Die Rückseite**  Oft wird betont, daß auch die Rückseite einer Stickerei ordentlich aussehen sollte. Das hat vor allem ästhetische Gründe, vor allem wenn die Rückseite zu sehen ist wie bei einer Handtuchbordüre oder einer Zierdecke. In solchen Fällen sollte die Rückseite aus kleinen geraden Stichen bestehen, die in sauberen parallelen Linien angeordnet sind. Bei Arbeiten auf Kissen, Polstern oder Stickmustertüchern ist die Rückseite nicht so wichtig, da sie versteckt ist. Lassen Sie sich keinesfalls Ihre Begeisterung und Spontaneität rauben, indem Sie sich über derlei Spitzfindigkeiten den Kopf zerbrechen. Andererseits zahlt sich die Zeit, die Sie darauf verwenden, eine gute, saubere Technik zu entwickeln, ganz sicher aus.

**Auftrennen**  Wenn Sie einen Fehler machen, sollten Sie die Stiche nur auftrennen, wenn es gar nicht anders geht. Sollte sich inmitten einer gemusterten oder dicht gearbeiteten Fläche ein in die falsche Richtung gesticktes Feld befinden, dann fällt das außer Ihnen vielleicht niemandem auf. Wenn Stiche aufgetrennt werden müssen, achten Sie darauf, daß die Gewebefäden nicht verschoben und die Maschen nicht vergrößert werden. Verwenden Sie eine spitze Schere, und schneiden Sie den herauszuziehenden Faden öfter durch.

**Rückstich**  Mit Rückstichen werden Muster umrandet und Akzente gesetzt, oder man verwendet sie als eigenständige Stiche. Dieser vielseitige Stickstich kann in alle Richtungen gearbeitet werden und neben senkrechten und waagerechten Linien auch Diagonalen bilden. Ohne selbst auffällig zu sein, trägt er dazu bei, Stickpartien aufzulockern, die ansonsten zu dicht wirken würden.

### Rückstich ausführen
Mit einem Faden in der Nadel von unten durch den Stoff ausstechen, zwei Gewebefäden weiter nach rechts einstechen. Dann die Nadel in Stickrichtung zeigen lassen und zwei oder mehr Gewebefäden vor dem neuen Stich wieder ausstechen. In die jeweils vorletzte Ausstichstelle zurückstechen. Die Stichlänge bemißt sich nach der Größe der Kreuzstiche.

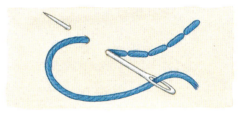

**Schlingstich**  Der Schlingstich bietet eine einfache Möglichkeit, Stoffkanten zu säumen und zugleich ein weiteres dekoratives Stickelement einzuführen. Er eignet sich zum Säumen von Decken wie der Kinderdecke auf Seite 36, er kann aber auch in Kontrast- oder Komplementärfarben eingesetzt werden, um die Kanten von Kissenhüllen (siehe Seite 34) und Tischtuchsäumen (Seite 40 und Seite 44) zu verzieren. Von links nach rechts sticken und für eine gerade Kante durchgängig die gleiche Stichlänge beibehalten.

### Schlingstich ausführen
**1** Beim ersten Stich knapp über der Abschlußkante ausstechen, die Nadel nach rechts oben versetzt einstechen.
**2** Auf der Rückseite Nadel nach unten führen und Arbeitsfaden so unter die Nadel legen, daß direkt an der Stoffkante eine Schlinge gebildet wird. So fortfahren, dabei auf gleiche Stichabstände achten.

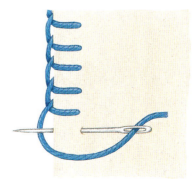

# Arbeitsbeginn

Einige Überlegungen und Vorbereitungen vor Arbeitsbeginn ersparen Ihnen später manchen Ärger. Halten Sie die Arbeit faltenfrei und sauber, und seien Sie beim Zuschneiden großzügig, denn mit einer ausreichenden Stoffzugabe ringsum läßt sich die Arbeit leichter handhaben. Achten Sie darauf, daß das Motiv genau in der Mitte sitzt und Bordüren richtig positioniert werden, damit die Arbeit ein properes Gesamtbild bietet.

**Vorbereiten**

Inspizieren Sie das zu bestickende Gewebe genau, und bügeln Sie Falten heraus. Vermeiden Sie Stoffe, die schon seit längerem zusammengefaltet lagern, da die Außenseite der Faltkanten oftmals fleckig wird. Wenn der Stoff schmutzig ist, schneiden Sie ihn so zurecht, daß die Flecken wegfallen oder reinigen Sie ihn sorgfältig.

Versuchen Sie den Stoff beim Arbeiten sauberzuhalten. Waschen Sie deshalb häufig die Hände beim Sticken, damit die natürlichen Hautfette die Arbeit nicht verunreinigen, und bewahren Sie die Stickerei zwischen den Arbeitssitzungen in einem Handarbeitskorb auf. Es ist unvermeidlich, daß der Stoff zerknittert wird, aber das läßt sich beheben, indem man die fertige Stickerei dämpft.

**Zuschneiden**

Schneiden Sie den Stoff immer so aus, daß er größer ist als für die fertige Arbeit nötig; auf die richtige Größe wird er erst gebracht, wenn die Stickerei beendet ist. Bei gleichmäßig gewebten Stoffen macht es so gut wie keinen Unterschied, ob man ein Stück der Länge oder der Breite nach ausschneidet; sie müssen hier also nur auf möglichst wenig Verschnitt achten. Wenn eine Stickerei über längere Zeit in Arbeit ist, empfiehlt es sich, die Kanten mit Zickzackstichen einzufassen. Bei jeder Arbeit in diesem Buch wurde ausreichend Stoff für einen abschließenden Zuschnitt berechnet.

**Muster ausrichten**

Bei Mustern beginnt man die Stickerei in der Mitte und arbeitet sich in Richtung der Außenkanten vor. Aus diesem Grund muß das Stickbild zentriert werden. Dazu markiert man den Mittelpunkt des Stoffes mit Hilfe von Heftstichen.

**1** Den Stoff der Länge nach zusammenfalten und die so gefundene Mittellinie mit einer Stecknadel markieren. Entlang der Faltkante eine Reihe Heftstiche machen, dabei dem Verlauf des Gewebes anhand eines Kettenfadens folgen.

**2** Stoff der Breite nach falten und die entstandene Faltkante mit Heftstichen markieren (wie Schritt 1). Diesmal dem Verlauf des Schußfadens folgen.

Manchmal muß man auch ein um die Stoffkanten verlaufendes Bordürenmuster aufzeichnen; das geschieht, ehe man das zentrale Motiv oder Muster positioniert.

Wenn man die Gewebefäden über größe Stoffflächen hinweg zählen muß, ist man gut beraten, wenn man die Fläche mit Stecknadeln in Abstände von je zehn Fäden unterteilt. Das Zählen geht dann verblüffend schnell und einfach. Aufpassen, daß das Gewebe durch die Nadeln nicht deformiert wird!

# ARBEITSBEGINN

**Stickbild anlegen**

Da der Mittelpunkt und die Hilfslinien deutlich markiert sind, können Sie jetzt das Stickbild auf dem Stoff positionieren. Bei einem einzelnen Motiv arbeitet es sich womöglich leichter, wenn man man dessen Position mit Heftstichen oder einem speziellen, im Fachhandel erhältlichen Markierstift aufzeichnet, der leichte Spuren auf dem Stoff hinterläßt, die aber beim ersten Waschen verschwinden.

**Mit Zählvorlagen arbeiten**

Bei Zählvorlagen muß man wissen, daß jedes Quadrat einen Kreuzstich auf dem Stoff darstellt. Es spielt keine Rolle, über wie viele Gewebefäden ein Kreuzstich gearbeitet wird – auf der Zählvorlage erscheint dieser Stich immer nur als ein Quadrat. Die Farben der jeweiligen Quadrate entsprechen denen der Farbtabelle, die neben der Zählvorlage erscheint. Dabei werden auch die Garnnummern angegeben, mit denen man die jeweils benötigte Farbe exakt bestimmen kann.

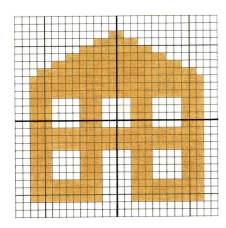

### Mit Stramin arbeiten

**1** Ein Stück Stramin ausschneiden, das ringsum ca. 5–7 cm größer ist als das zu stickende Motiv.

**2** Stramin auf die entsprechende(n) Partie(n) Ihrer Arbeit legen. Einfach dem Fadenlauf des Stoffs folgen, wenn das Motiv rechtwinklig positioniert werden soll. Stramin mit Heftstichen auf dem Stoff befestigen; so kann er nicht verrutschen, und man erhält Hilfslinien zum Ausrichten des Stickbildes. Dazu zwei Heftstichlinien sticken, die sich in der Mitte kreuzen, ebenso die Kanten des Stramins umsticken. Bei größeren Mustern ein Verrutschen des Stramins mit weiteren Heftstichlinien verhindern.

**3** Wie üblich in der Mitte beginnen und Muster ausführen, indem durch den Stramin und den darunterliegenden Stoff gestickt wird. Darauf achten, daß die Nadel sauber durch die Löcher schlüpft und die Straminfäden nicht aufspleißt. Die Zahl der Fäden, mit denen gestickt wird, richtet sich, wie sonst auch, nach der Webdichte des Grundstoffes.

**4** Wenn die Stickerei fertig ist, Heftfäden entfernen und den Stramin auf allen Seiten auf 2,5 cm Abstand zur bestickten Fläche zuschneiden. Die Straminfäden anfeuchten, bis sie weich werden, und dann einen nach dem anderen aus dem Gewebe ziehen. Eine Pinzette leistet dabei gute Dienste. Achten Sie darauf, daß Sie sie dicht am Grundstoff und nur in Richtung ihres ursprünglichen Verlaufs herausziehen. Bei größeren Motiven mit längeren Straminfäden ist es vielleicht sinnvoll, die Straminfäden zwischen den bestickten Flächen durchzuschneiden.

Gleichmäßig gewebte Stoffe können in gleicher Weise wie Stramin verwendet werden, nur müssen sie nicht befeuchtet werden, ehe man die Fäden entfernt. Wenn man gleichmäßig gewebten Stoff als Stickhilfe benutzt, sollte man besonders darauf achtgeben, die Fäden nicht aufzuspleißen.

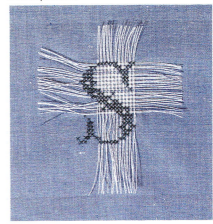

# Arbeitsende

Wenn Sie eine Stickarbeit geduldig und mit Sorgfalt zu Ende gebracht haben, lohnt es sich auch, sich für die abschließenden Handgriffe Zeit zu nehmen und sie so auszuführen, daß Ihre Fertigkeiten rundum im besten Licht erscheinen. So kann man zum Beispiel mit Hohlsäumen Tischdecken und Bettwäsche das besondere Etwas und zugleich eine traditionelle Note verleihen. Briefecken geben der Vorderseite der Arbeit einen eleganten, ebenmäßigen Abschluß und sehen wesentlich professioneller aus als Säume, die einfach über Eck umgeschlagen wurden.

## Hohlsaum

**1** Markieren Sie den Verlauf von Saumkante und -linie mit Stecknadeln.
**2** Entlang der Saumlinie zwei Querfäden aus dem Stoff ziehen, um einen offenen Streifen mit nebeneinanderliegenden Kettfäden zu erhalten.
**3** Saum bis Streifenunterrand umschlagen, feststecken, heften (Abb. 1).
**4** Stoff mit der linken Seite nach oben ausbreiten. Mit einem Stück Nähfaden und einer spitzen Nadel nach oben ausstechen und Stiche nacheinander ausführen, dabei jedesmal den umgeschlagenen Saum erfassen (Abb. 2). Wiederholen und dabei die senkrechten Fäden des freien Streifens zusammennehmen und eine gleichmäßige Ziernaht bilden.

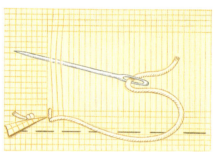

Abb. 1

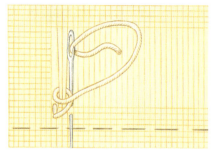

Abb. 2

## Briefecken

**1** An ungesäumten Kanten Saum von gleicher Breite umschlagen, Kanten durch Bügeln markieren (Abb. 3).
**2** Etwas größeren Saum nehmen, doppelt einschlagen und ebenfalls bügeln.
**3** Saum feststecken und -heften, dabei Ecken an jeder Seite 10 cm frei lassen.
**4** Saum an der Ecke auseinanderfalten, wodurch die Bügelfalten sichtbar werden. Die Ecke des Stoffes so einschlagen, daß ein rechtwinkliges Dreieck entsteht, wobei die spätere Ecke genau die Basismitte des Dreiecks bilden muß (Abb. 4). Bügeln, auseinanderfalten und knapp an der diagonalen Faltkante zuschneiden.
**5** Faltkante erneut nach innen umklappen, Säume umschlagen, wodurch eine flache Gehrungsecke entsteht, deren abgeschrägte Kanten diagonal auf die Ecke zulaufen (Abb. 5). Stoff entlang der Saumkante feststecken und -heften.

Abb. 3

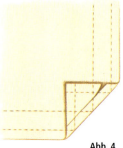

Abb. 4

Abb. 5

ARBEITSENDE

**Die Stickerei pflegen**

Die fertige Arbeit ist hoffentlich nach dem Sticken noch sauber und braucht in diesem Fall nur kurz gebügelt zu werden, um wieder frisch zu werden. Wenn jedoch viele Arbeitsstunden in das gute Stück investiert wurden, muß es möglicherweise gewaschen und gebügelt werden, ehe man es benutzt oder rahmt.

Früher wurde allgemein empfohlen, zum Waschen handwarmes Wasser und ein Pulver auf Seifenbasis und ohne Bleichmittel zu verwenden und den Stoff behutsam ohne Rubbeln zu waschen, gut auszuspülen und zum Trocknen flach auf einem Handtuch auszubreiten. Heutzutage legen uns die Hersteller eine weniger zimperliche Vorgehensweise nahe, da die Garne farbecht sind und sich in der Waschmaschine pudelwohl fühlen, und das bei den Temperaturen, die der Grundstoff gerade noch aushält, das heißt bis 95°C.

Wenn man Kreuzstickereien bügelt, sollte das Bügeleisen niemals mit der bestickten Seite in Berührung kommen, da dies die Stiche plättet. Legen Sie stattdessen mehrere Handtuchschichten auf das Bügelbrett und legen Sie die Stickerei mit dem Gesicht nach unten darauf. Bedecken Sie sie mit einer weiteren Lage Stoff. Stellen Sie das Bügeleisen auf die Temperatur für Leinen ein und bügeln Sie die Arbeit, solange sie noch feucht ist. Setzen Sie Ihre Stickerei möglichst keiner direkten Sonneneinstrahlung aus, damit die Fäden nicht an Leuchtkraft verlieren.

**Stoffe altern lassen**

Altes Leinen hat einmalige Eigenschaften, die sich unmöglich authentisch kopieren lassen. Bejahrte Stickmustertücher mit ihren ausgebleichten und gedämpften Farben besitzen einen eigenen Reiz, den man jedoch nachahmen kann, indem man neuem Leinen durch ein Bad in schwarzem Tee die erwünschte Patina verleiht.

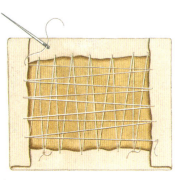

**1** Nehmen Sie elfenbein- und naturfarbenes Leinen – damit erzielen Sie die besten Resultate.
**2** Waschen Sie den Stoff, um mögliche Appreturmittel zu entfernen.
**3** Eine Kanne Tee aufsetzen und wie gewohnt ziehen lassen.
**4** Wenn der Tee kalt ist, die Flüssigkeit in eine Schüssel abgießen und das Leinen hineingeben. Ca. 10 Minuten einwirken lassen, gelegentlich umrühren.
**5** Stoff zum Trocknen naß aufhängen. Vor dem Sticken Falten herausbügeln.

Mit fertigen Stickmustertüchern kann man auf die gleiche Weise verfahren und damit die Farben von Garnen und Grundstoffen abschwächen. Färben Sie probehalber einen Grundstoffrest, auf dem ein paar Stiche gearbeitet wurden.

Die künstliche Alterung mittels Tee eignet sich prinzipiell nur für rein dekorative Stücke, die nicht gewaschen werden müssen. Achten Sie darauf, daß alle verwendeten Garne farbecht sind, ehe Sie diese Technik ausprobieren.

**Aufziehen und rahmen**

Ehe eine fertige Arbeit gerahmt werden kann, muß man sie auf ein Stück Pappkarton aufziehen; nur so bleibt sie glatt und straff gespannt.

Sie brauchen ein Stück säurefreien Pappkarton, auf den Sie die Stickerei aufziehen. Er sollte die gleiche Größe haben wie das Stickmuster, dazu eine Zugabe für eine schmale, einfache Einfassung ringsum, die in die Rahmen-Nut kommt.

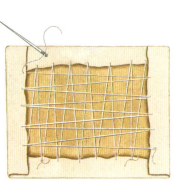

**1** Die Arbeit von links bügeln.
**2** Der Karton muß die gleiche Größe haben wie das Rahmenglas.
**3** Karton zuschneiden und auf die Rückseite der Stickerei legen.
**4** Den Stoff so um die Kartonkanten schlagen, daß das Stickbild auf dem Pappkarton möglichst genau zentriert ist.
**5** Die Stoffkanten auf der Rückseite mit festem Faden im Zickzackverband zusammenhalten.
**6** Die langen Kanten zuerst vernähen, die Position der Stickerei überprüfen, dann die kurzen Kanten vernähen.

# Im Schlafzimmer

Handbestickte Bettwäsche macht Betrachtern und Benutzern gleichermaßen Freude. In der folgenden Sammlung von herrlichen Arbeiten fürs Schlafzimmer finden Sie eine große Auswahl an bezaubernden Mustern, die für jeden Geschmack etwas zu bieten hat. Die schlichte Kinderbettdecke mit ihren frischen Motiven, die nur besondere Babys bekommen (Seite 36), eignet sich ideal für Anfänger, da sie frei und mit einem etwas dickeren Garn gearbeitet wird. Die Stickexpertin wird vielleicht ein ehrgeizigeres Werk bevorzugen, wie es sich mit der wunderschönen Zierdecke anbietet. Durch ihr verschlungenes, vielfarbiges Blumenmuster wird sie zum Glanzpunkt eines jeden Schlafzimmers.

Ansonsten zeigen die Kissenbezüge von Seite 34/35, wie man einer Stickerei mit einem einfachen Motiv und gestickten Monogrammen eine besondere, persönliche Note geben kann.

# Zierdecke

Eine grüne Bordüre mit Rosen wie frisch aus dem Landhausgarten bildet einen großartigen Rahmen für eine Zierdecke. Eine derartig dichte Stickerei erfordert Geduld und Erfahrung, aber das Ergebnis ist die Mühe wert. Die Zierdecke ist dazu gedacht, über das Kopfende des Bettes gebreitet zu werden, und da sie nicht mit dem Laken verbunden ist, braucht sie nicht so oft gewaschen werden wie die restliche Bettwäsche. Das kommt natürlich der Stickerei zugute. Eine Einfassung aus schwerer Häkelspitze bildet einen harmonischen Ausgleich zu Dynamik und Temperament des Blumenmusters. Vielleicht haben Sie ja Glück und finden ein Stück alte Spitzenborte, das sich noch verwenden läßt. Im übrigen wird die Blumenbordüre von der Mitte nach außen gestickt, so daß sie sich jeder Bettgröße anpassen läßt.

### Zur Zierdecke
Größe der fertigen Decke, ohne Spitzenborte: 198 x 104 cm
Größe eines Motivs: 34 x 18,5 cm
56 Stiche/10 cm
Stiche jeweils über zwei Gewebefäden führen, wenn Sie einen Stoff mit doppelter Fadenzahl verwenden.

### Material
220 cm weißes Leinen (140 cm breit), ca. 112 Gewebefäden/10 cm
2 m Spitzenborte
Sticknadel Nr. 24 oder 26
Sticktwist in den in der Tabelle (Seite 24/25) angegebenen Farben
Mit zwei Fäden Sticktwist in der Nadel sticken.

### Sticken
**1** Die Position für das mittlere Motiv wird folgendermaßen markiert: Den Stoff der Breite nach zusammenlegen und Faltkante (= Mittellinie) mit Heftstichen kennzeichnen; dabei dem Verlauf der Kettfäden folgen.
**2** Von der Stoffkante 18 cm nach innen messen und, dem Verlauf der Schußfäden folgend, eine kurze Reihe Heftstiche ausführen, die sich mit der gefalteten Mittellinie schneidet. Dies markiert die Unterkante der Stickbordüre. 102 Fäden abzählen und eine weitere Reihe Heftstiche in Richtung der waagerechten Gewebefäden machen: diese Linie kennzeichnet die Oberkante der Bordüre.
**3** Die Mittellinie der Zählvorlage mit der Heftstichreihe, die die Stoffmitte markiert, zur Deckung bringen und das erste Motiv sticken.
**4** Von der Mitte nach außen arbeiten und restliches Bordürenmuster ausführen, bis fünf Motive fertig sind (zwei auf jeder Seite des mittleren Motivs). Wenn Sie die Größe der Bordüre verändert haben, müssen Sie auch die Anzahl der Motive entsprechend ändern, nicht jedoch die Abstände zwischen ihnen.
**5** An beiden Enden der Bordüre je ein weiteres, halbes Motiv sticken.

### Fertigstellen
**1** Stoff zuschneiden. Von der Unterkante der Bordüre 12,5 cm nach unten messen, mit Stecknadeln markieren und den Stoff gerade abschneiden, dabei dem Lauf der Schußfäden folgen. Zuschneiden der Schmalseiten: Von der gefalteten Mittellinie in beide Richtungen 101 cm abmessen, mit Stecknadeln markieren und Stoff entlang dem Lauf der Kettfäden abschneiden.
**2** An der Unterkante 1 cm Stoff nach links umlegen und festbügeln, dann einen Saum von 2,5 cm umschlagen. Von Hand oder mit der Maschine feststeppen. Sie können auch einen dekorativen Hohlsaum nähen, der der Arbeit noch ein elegantes Glanzlicht aufsetzen würde (die entsprechende Anleitung finden Sie auf Seite 18).
**3** An den restlichen Kanten je 1 cm umschlagen und dann Säume von 1 cm nähen. Wie man die Ecken gekonnt umnäht, steht auf Seite 18.
**4** Spitzenkante am Rand des unteren Saums feststecken, heften und mit sauberen Hohlstichen annähen.
**5** Die Arbeit vorsichtig von links bügeln, ohne dabei die Stiche zusammenzudrücken.

IM SCHLAFZIMMER

| **Garnfarben** | | Anchor | DMC | | | Anchor | DMC |
|---|---|---|---|---|---|---|---|
| | Creme | 366 | 739 | | Rot | 46 | 666 |
| | Gelb | 301 | 745 | | Rosenrot | 75 | 962 |
| | Pfirsich | 9 | 352 | | Magenta | 89 | 917 |
| | Rostrot | 1049 | 3826 | | Baßlila | 108 | 210 |

ZIERDECKE

|   | | Anchor | DMC |   | | Anchor | DMC |   | | Anchor | DMC |
|---|---|---|---|---|---|---|---|---|---|---|---|
|   | Lila | 109 | 209 |   | Blau | 187 | 958 |   | Braun | 358 | 801 |
|   | Violett | 98 | 553 |   | Blaßgrün | 244 | 987 |   | Schwarz | 403 | 310 |
|   | Dunkelviolett | 101 | 550 |   | Blattgrün | 188 | 943 |   |   |   |   |
|   | Blaßblau | 186 | 959 |   | Flaschengrün | 683 | 890 |   |   |   |   |

# Quadratische Bettkissen

Große, üppige Bettkissen bilden nicht nur Dekorationselemente, sie leisten auch wertvolle Dienste als Rückenpolster, wenn man im Bett lesen oder frühstücken will. Bei beiden Kissen bestehen die Kreuzstichmuster aus quadratischen Motiven, die sich zu dichten, farbig gemusterten Flächen auf Leinengewebe formieren. Diese Art von Muster bietet zahlreiche Variationsmöglichkeiten, da man die gleichen Motive ganz unterschiedlich anordnen kann. Sie können zum Beispiel in Reihen um das Kissen geführt werden, die eine breitere Bordüre bilden, oder man bevorzugt eine wechselnde Abfolge der Motive, wodurch ein Schachbretteffekt erzeugt wird. Und zum krönenden Abschluß wird die Rückseite ganz klassisch mit Perlmuttknöpfen verschlossen.

**Zu den Kissen:**
Sternkissen (Seite 28/29)
Größe: ca. 71 x 71 cm
44 Stiche/10 cm
Blumenkissen (Seite 30/31)
Größe: ca. 62 x 62 cm
72 Stiche/10 cm
Bei Stoffen mit doppelter Fadenzahl die Stiche jeweils über zwei Gewebefäden führen.

QUADRATISCHE BETTKISSEN

### Sternkissen

**Material**

170 cm antikweißer Hardangerstoff (140 cm breit), ca. 88 Fäden/10 cm
6 Perlmuttknöpfe mit 2 cm Durchmesser
Kissenfüllung, ca. 71 x 71 cm
Sticknadel ohne Spitze Nr. 24 oder 26
Sticktwist in den in der Tabelle angegebenen Farben
Mit zwei Fäden Sticktwist in der Nadel sticken.

**Sticken**

**1** Für die Vorderseite des Kissens Stoff auf 87 x 87 cm zuschneiden. Das mittlere Rautenmuster auf die Stoffmitte ausrichten; Mittelpunkt durch Falten der Länge und Breite nach bestimmen. Die Faltkanten jeweils mit Heftstichen markieren, die sich im Mittelpunkt überschneiden. Dabei dem Fadenlauf des Gewebes folgen.
**2** Mittelpunkt des Stoffes und der Stickvorlage zur Deckung bringen und mittleres Muster nach der Zählvorlage vollständig ausführen. Soweit in der Vorlage angegeben, Umrisse der Motive mit Rückstichen (siehe Seite 15) sticken.
**3** Ringsum einen 8 cm breiten Stoffstreifen freilassen und in einer Ecke beginnend das schmale Umrandungsmuster sticken. Dann die Eckflächen mit den Sternmotiven ausführen, wie in der Stickvorlage dargestellt.
**4** Kissenvorderseite zuschneiden, dabei auf jeder Seite eine Saumzugabe von 1,5 cm lassen. Die Kissenvorderseite sollte nun 74 x 74 cm messen.

**Fertigstellen**

**1** Für die Rückseite zwei Stoffrechtecke ausschneiden, ein kleines von 74 x 26 cm und ein großes von 74 x 65,5 cm.
**2** Das Kissen nach der Anleitung auf Seite 30 fertigstellen.

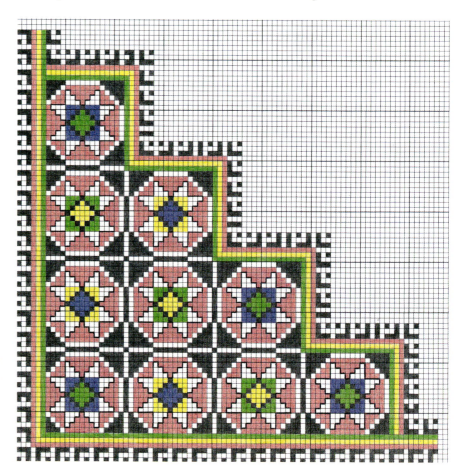

**Garnfarben**

|  | Anchor | DMC |
|---|---|---|
| Rosa | 76 | 961 |
| Gelb | 289 | 307 |
| Grün | 257 | 905 |
| Blau | 164 | 824 |
| Schwarz | 403 | 310 |

QUADRATISCHE BETTKISSEN

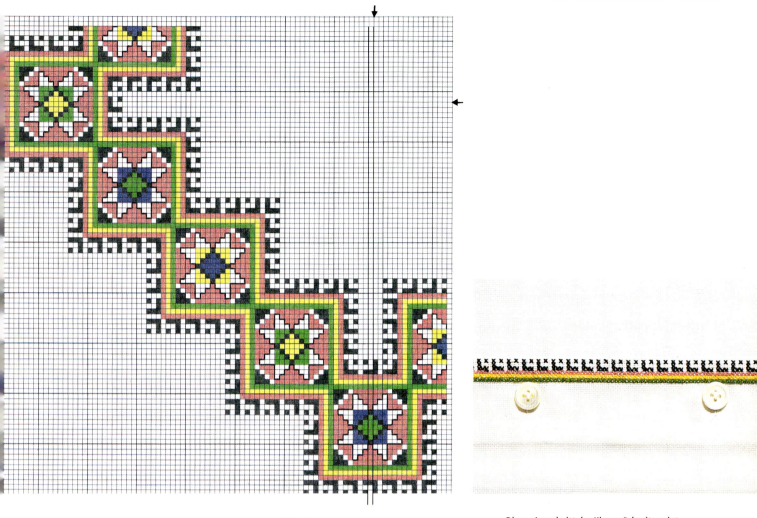

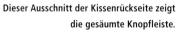

Dieser Ausschnitt der Kissenrückseite zeigt die gesäumte Knopfleiste.

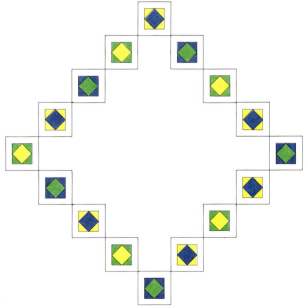

## Blumenkissen

**Material**

150 cm antikweißes Leinen
 (140 cm breit), ca. 144 Fäden/10 cm
6 Perlmuttknöpfe mit 2 cm Durchmesser
Kissenfüllung, ca. 62 x 62 cm
Sticknadel Nr. 24 oder 26
Sticktwist in den in der Tabelle
 (Seite 32/33) angegebenen Farben
Mit zwei Fäden Sticktwist in der Nadel
 sticken.

**Sticken**

**1** Ein Stück Stoff auf 78 x 78 cm (für die Vorderseite des Kissens) zuschneiden. Die Mitte jeder Kante durch Zusammenfalten markieren, dann jeweils eine ca. 20 cm lange Heftstichlinie im rechten Winkel zu den Stoffkanten anbringen.
**2** Ringsum am Rand einen 9 cm breiten Stoffstreifen freilassen, an einer Ecke beginnen und das schmale Umrandungsmuster ausführen. Zuerst in einer Richtung zur Mitte der einen Seite, dann in der Gegenrichtung zur Mitte der anderen Seite hin arbeiten. Dabei dem Lauf der Gewebefäden folgen. Von den restlichen drei Ecken ausgehend auf diese Weise fortfahren, bis die Bordüre fertiggestickt ist. Dabei neigen sich die Knospenmotive diagonal zur Kantenmitte hin. Muster entsprechend anpassen, wo die Umrandungsteile aufeinanderstoßen.
**3** Die Eckmotive in der Umrandung gemäß der Stickvorlage ausführen.
**4** Als nächstes die dreiteiligen Muster sticken, die in der Mitte jeder Kissenseite liegen. Umrißlinien der Motive mit Rückstichen (siehe Seite 15) arbeiten, wie in der Stickvorlage angegeben.
**5** Die Vorderseite zurechtschneiden, dabei einen 1 cm breiten unbestickten Stoffstreifen rund um die gestickte Umrandung lassen, dazu ringsum eine Saumzugabe von 1,5 cm. Die Vorderseite sollte nun 65 x 65 cm messen.

**Fertigstellen**

**1** Für die Kissenrückseite ein Stoffrechteck von 65 x 26 cm und ein Rechteck von 65 x 56,5 cm zuschneiden.
**2** Kissen nach der Anleitung unten fertigstellen.
**3** Die Kanten des Kissens mit dicht gearbeiteten Schlingstichreihen (siehe Seite 15) oder einer schmalen Häkelborte verzieren.

## Beide Kissen fertigstellen

Die Kissen fertigstellen, sobald die Muster auf der Vorderseite ausgeführt sind. Die Anleitung gilt für beide Kissen.
**1** Die Stücke für die Rückseite vorbereiten. Entlang einer der langen Kanten des kleineren Rückenteils einen Saum nähen, dabei zunächst 1,5 cm, dann 5 cm umschlagen. Heften, bügeln und mit der Maschine oder von Hand feststeppen.
**2** Entlang dieses Saums 6 Knopflöcher ausschneiden und einfassen. Zunächst an beiden Enden je ein Loch machen, dann die restlichen vier in regelmäßigen Abständen dazwischen setzen. Knopflöcher von Hand oder mit der Maschine einfassen. Achten Sie darauf, daß die Löcher groß genug für die Knöpfe sind.
**3** Eine der langen Kanten des größeren Rückenteils säumen, dabei zunächst 1,5 cm, dann 2 cm umschlagen. Heften, bügeln und feststeppen.
**3** Das kleinere Rückenteil rechts auf rechts auf die Vorderseite legen, dabei die drei ungesäumten Kanten zur Deckung bringen und feststecken. Das größere Rechteck auf die gleiche Weise auf die Vorderseite legen. Darauf achten, daß die gesäumte Kante die des kleineren Rückenteils überlappt. Feststecken und heften.
**4** Ringsum innerhalb der Nahtzugabe zusammennähen, dabei dem Fadenlauf folgen. Die Ecken zuschneiden und Kissenhülle umwenden. Kanten vorsichtig bügeln, so daß die Stickerei nicht zusammengedrückt wird.
**5** Zu guter Letzt noch die Knöpfe annähen.

QUADRATISCHE BETTKISSEN

| | Anchor | DMC | | Anchor | DMC |
|---|---|---|---|---|---|
| Rosa | 42 | 309 | Grün | 244 | 987 |
| Gelb | 313 | 977 | Blau | 164 | 824 |

**Garnfarben**

|   | Anchor | DMC |
|---|---|---|
| Braun | 905 | 3781 |

# Kissenbezüge mit Monogramm

Mit traditionellen Stickmonogrammen werden Heimtextilien zu einem unverwechselbaren, eleganten Blickfang. Sie werden über Stramin direkt auf schon vorhandene Bettwäsche gestickt oder auf Baumwoll- oder Leinenstoffen angebracht, die zu Kissen- und Bettbezügen verarbeitet werden. Da die Stickereien nicht sehr umfangreich sind, eignen sie sich bestens für Anfänger. Die hier gezeigten Bezüge sind ganz im klassischen Stil gehalten, zu dem Monogramme hervorragend passen, und sie sind erstaunlich einfach herzustellen. Zeichnen Sie Ihr Monogramm nach dem Alphabet mit Zählmuster auf Seite 98–101; verwenden Sie Millimeter-Durchpauspapier, um verbundene Lettern mit weichen, eleganten Schwüngen zusammenfügen zu können. Oder kombinieren Sie die Initialen mit Motiven wie Kronen oder Schlüsseln (siehe Seite 105), um Ihrer Wäsche eine wahrhaft königliche Ausstrahlung zu geben.

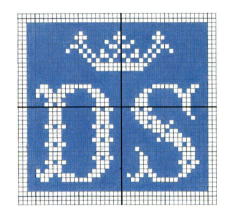

## Zu den Kissenbezügen:
Größe: ca. 91 x 66 cm, einschließlich 8 cm Umrandung
40 Stiche/10 cm

## Material
Für eine Kissenhülle:
210 cm Cambrai-Baumwollstoff (Breite 112 cm)
Stramin, ca. 40 Fäden/10cm
Feine Sticknadel mit Spitze Nr. 7
Sticktwist in der unten angegebenen Farbe
Mit drei Fäden Sticktwist in der Nadel sticken

## Stoff vorbereiten und Sticken
**1** Für die Vorderseite ein Stück Baumwollstoff auf 94 x 69 cm zuschneiden. Dabei dem Fadenlauf folgen. Die Sticklinie für die innere Kante der Umrandung in 9,5 cm Abstand zu den Stoffkanten mit Heftstichen markieren. Für die Rückseite zwei Stoffstücke zuschneiden: ein größeres von 84,5 x 69 cm und ein kleineres für die Klappe von 35,5 x 69 cm.
**2** Das Monogramm nach dem Alphabet mit Zählmuster (Seite 98–101) auf Millimeterpapier aufzeichnen, und den Mittelpunkt mit zwei sich überkreuzenden Linien markieren. Ein Stück Stramin dem Fadenlauf folgend ausschneiden. Es sollte auf jeder Seite 5 cm über das Monogramm überstehen. Die waagerechte und senkrechte Mittellinie markieren.
**3** Wenn das Monogramm genau in der Kissenmitte sitzen soll, markieren Sie den Mittelpunkt der Vorderseite als Schnittpunkt zweier Heftstichlinien (siehe Seite 16). Sie können das Monogramm aber auch an anderer Stelle, zum Beispiel in einer Ecke, anbringen, wobei Sie die genaue Position mit Heftstichlinien markieren. Diese je nach Bedarf gerade oder diagonal verlaufen lassen.
**4** Stramin heften, dabei die Bleistiftlinien mit den Heftstichen auf dem Stoff zur Deckung bringen. Monogramm nach Zählvorlage ausführen, dabei von der Mitte nach außen sticken.
**5** Nach dem Sticken vorsichtig die Straminfäden entfernen (siehe Seite 17). Die Arbeit behutsam bügeln.

## Fertigstellen
**1** Stoff für das große Rückenteil entlang einer der kürzeren Kanten zweimal nach links umschlagen: zunächst 2 cm, dann 3 cm. Saum heften und bügeln, dann festnähen. Auf die gleiche Weise einen Saum entlang einer langen Kante des kleineren (Klappen-)Stücks einschlagen, zunächst mit 1 cm, dann 2 cm.
**2** Die Rückenklappe rechts auf rechts auf die Vorderseite legen. Das große Rückenteil in gleicher Weise auf das Vorderteil legen, und darauf achten, daß die gesäumte Kante die gesäumte Kante des Klappenteils überlappt. Ringsum feststecken und heften.
**3** Ringsum mit einer Nahtzugabe von 1,5 cm zusammennähen. Ecken zurechtschneiden und Kissenhülle auf rechts wenden. Dann nahe der Außenkante heften und bügeln. Von allen Kanten 8 cm nach innen messen und entlang dieser Linien mit der Maschine steppen, um die Umrandung zu bilden.
**4** Heftfäden herausziehen und vorsichtig von links bügeln.

| | **Garnfarbe** | |
|---|---|---|
| | **Anchor** | **DMC** |
| Creme | 926 | 822 |

# Kinderdecke

Eine mit einfachen Stickmotiven verzierte Decke bildet einen reizenden Überwurf fürs Kinderbett. Man kann dafür alte Decken reaktivieren, indem man sie auf die passende Größe zuschneidet und mit Schlingstichen in farbigem Garn einfaßt. Eine neue Decke eignet sich aber ebenso gut. Wählen Sie nur eine klassische Farbe und achten Sie darauf, daß die Wolle flauschig ist. Ein simples Gittermuster aus freihändig gestickten Kreuzstichlinien unterteilt die Decke in Quadrate, in die die Motive gesetzt werden. Dabei können Sie so viele oder so wenige Motive sticken, wie Sie Lust haben. Wenn Sie eine größere Decke herstellen wollen, halten Sie sich am besten an die Zahlen- und Buchstabenmotive auf Seite 98–101.

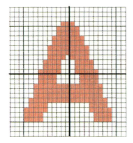 

## Zur Decke:
Größe: ca. 76 x 109 cm
34 Stiche/10 cm

## Material
80 x 113 cm leichter, flauschiger Deckenstoff
Stramin, ca. 34 Fäden/10 cm
Sticknadel mit Spitze Nr. 20 oder 22
Weiches Stickgarn in den in der Tabelle angegebenen Farben
Mit einem Faden Garn in der Nadel sticken.

### Garnfarben

|  | Anchor | DMC |
|---|---|---|
| Koralle | 10 | 2356 |
| Blau | 168 | 2826 |
| Dunkelblau | 161 | 2797 |
| Rosa | 24 | 2818 |
| Gelb | 293 | 2743 |
| Limone | 0278 | 2218 |
| Blaßgrün | 185 | 2599 |
| Hellbraun | 362 | 2158 |
| Beige | 392 | 2642 |

## Deckenstoff vorbereiten

**1** Jede Kante des Deckenstoffs um zweimal 1 cm zu einem Saum umschlagen, heften. Mit weichem Stickgarn, das in vielen Farben erhältlich ist, Schlingstiche (siehe Seite 15) rings um die Stoffkanten arbeiten. Stiche groß genug ausführen, daß sie die ganze Saumbreite umfangen und festhalten.

**2** Den Stoff der Breite nach in fünf gleich große Abschnitte unterteilen und die vier Trennlinien mit Stecknadeln markieren. Entlang der Stecknadellinien Heftstiche setzen und Nadeln entfernen. Gleichmäßige Kreuzstichlinien über die Heftstiche arbeiten und Heftfäden entfernen.

**3** Die Decke der Längsseite nach in sieben gleich große Abschnitte unterteilen und sechs Trennlinien mit Stecknadeln markieren. Heften und Kreuzstichlinien ausführen wie in 2 beschrieben. Damit zieht sich ein quadratisches Gittermuster über die gesamte Decke.

## Motive sticken

Die Motive werden nach den Zählvorlagen in die Mitte der Quadrate gestickt (siehe Abb.). Das geht so:

**1** Den Stramin in 11 cm große Quadrate zerschneiden und in jedem Quadrat beide Mittellinien (entlang den Fadenlinien) leicht mit Bleistift markieren.

**2** Die Mitte des zu bestickenden Quadrats mit zwei Heftstichlinien kennzeichnen. Stramin auf das Quadrat legen, so daß die Mittelpunkte übereinstimmen, und anheften. Ein Motiv aus den Vorlagen auswählen und, von der Mitte ausgehend, nach Stickmuster über Stramin sticken.

**3** Straminfäden vorsichtig entfernen (siehe Seite 17). Das fertige Stickbild erscheint auf der Decke.

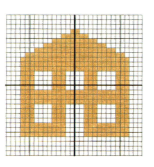 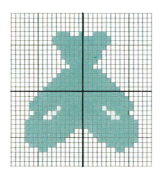

# Bei Tisch

Die in diesem Kapitel vorgestellten Muster bieten für jeden Geschmack das Richtige. Herrlich bestickte Tischwäsche sorgt für einen stilvollen Rahmen und ist überdies ein sinnvoller Gebrauchsgegenstand. Holen Sie sich mit klassischen Rosenmotiven einen duftigen Sommertag ins Haus, oder halten Sie sich an ein blauweißes Kreuzstichmuster, das an holländische Kacheln erinnert. Fürs Mittagsmahl im Freien oder den trauten Imbiß zur Nacht eignen sich die karierten Tischsets ganz vortrefflich. Sie sind mit Schneeflocken-Medaillons verziert, deren Kreuzstichgruppen über dem Karo farbenfrohe Muster bilden. Dazu gibt es eine Auswahl verschiedener Medaillonmotive, so daß Sie jedes Set mit einem anderen Motiv besticken können. Und mit den originellen numerierten Serviettenringen können Sie einem hinreißend gedeckten Tisch noch ein abschließendes Glanzlicht aufsetzen. Diese Handarbeit wird all diejenigen erfreuen, die schnelle Resultate schätzen.

# Tischtuch mit Rosen

Rosenblüten und -knospen sind klassische Motive, die augenblicklich die Freuden sommerlicher Gärten und eingewachsener Lauben im duftenden Blumenkleid heraufbeschwören. Mit Rosenmustern bestickt, verleiht die Tischwäsche Ihrem Heim einen Hauch von Landhausatmosphäre. Zugleich bildet sie die ideale Szenerie für hübsches, geblümtes Porzellan, sei es zum Tee oder zum zwanglosen Abendessen. Das Tischtuch auf dem Foto läßt sich jeder Tischgröße anpassen, indem Sie, falls nötig, einfach am Rand weitere Motive hinzufügen. Und die Motive, die den Rand verzieren, sind denkbar einfach auszuführen. Es empfiehlt sich, den Stoff vor dem Sticken sorgfältig vorzubereiten, da gesäumte Kanten ein Ausfransen des Stoffes während des Stickvorgangs verhindern. Eine so schöne Arbeit wird gern von Generation zu Generation weitergegeben – man muß sie nur gut pflegen.

### Zum Tischtuch

Größe: ca. 140 x 140 cm
44 Stiche/10 cm
Stiche bei Stoffen mit doppelter Fadenzahl jeweils über zwei Gewebefäden arbeiten

### Material

150 x 150 cm gleichmäßig gewebtes Leinen, ca. 88 Fäden/10 cm
Sticknadel Nr. 24 oder 26
Sticktwist in den in der Tabelle auf Seite 42 angegebenen Farben
Mit zwei Fäden Sticktwist in der Nadel sticken.

### Stoff vorbereiten

**1** Stoff auf 145 x 145 cm zuschneiden. Ringsum Saum umschlagen, erst 1 cm, dann 1,5 cm. Briefecken arbeiten, wie auf Seite 18 beschrieben. Saum anstecken und heften.
**2** Saum mit Hohlstichen annähen, dann Heftfäden entfernen.
**3** Kreuzstiche rechts auf rechts entlang der ganzen Stoffkante ausführen, so daß die Kreuzstiche die Oberkante des Saums erfassen.

### Sticken

**1** Von den Kanten des Stoffes 13 cm nach innen messen, das entstandene Quadrat mit Stecknadeln und dann mit Heftstichen markieren. Damit ist die äußere Kante der Bordüre definiert.
**2** Quadrat auf die Hälfte zusammenfalten und mit Hilfe der Faltkanten die

# TISCHTUCH MIT ROSEN

Mittelpunkte von zwei Seiten mit Heftstichen markieren. Auseinanderfalten und an den anderen Seiten wiederholen. Kantenlinie in der Stickvorlage mit Heftstichlinie der Bordüre zur Deckung bringen und auf dem markierten Mittelpunkt jeder Seite des Bordürenquadrats ein Blüten ausführen.

**3** An jeder Ecke und innerhalb der Bordürenlinien ein Blüten- und Knospenmotiv sticken. Das Motiv wie in der Vorlage ausrichten, dabei die Außen- und Ecklinien mit den Heftstichlinien auf dem Tuch zur Deckung bringen.

**4** Die Mitte zwischen den Motiven mit Heftstichen markieren. Jeweils zwischen zwei Blüten ein langes Bordürenmotiv setzen, dabei müssen die Außen- und Mittellinien in der Stickvorlage mit den Heftstichlinien und der Mittellinie auf dem Stoff übereinstimmen. Heftfäden entfernen.

**5** Das Tischtuch durch Falten vierteln, um den Mittelpunkt zu finden und diesen mit einer Stecknadel markieren. Vom Mittelpunkt aus an jeder Faltkante 26 cm abmessen und erneut mit Nadeln markieren. Durch die Punkte Heftstichlinien arbeiten und damit in der Mitte des Stoffes ein 52 cm großes Quadrat bilden. Stecknadeln noch nicht entfernen.

**6** In jeder Ecke dieses mittleren Quadrats ein Blüten- und Knospenmotiv ausführen und diese so plazieren, daß die Außen- und Mittellinien auf der Vorlage mit den Heftstichlinien deckungsgleich sind. Jeweils ein kurzes Bordürenmotiv zwischen die Blüten- und Knospenmotive setzen, wobei Außen- und Heftstichlinie sowie Mittellinie und Nadelmarkierungen übereinstimmen müssen. Stecknadeln und Heftfäden entfernen.

**Garnfarben**

|  | *Anchor* | *DMC* |
|---|---|---|
| Rot | 9046 | 321 |
| Rosa | 54 | 956 |
| Gelb | 288 | 445 |
| Braun | 381 | 938 |
| Dunkelgrün | 212 | 561 |
| Hellgrün | 255 | 907 |
| Königsblau | 134 | 820 |

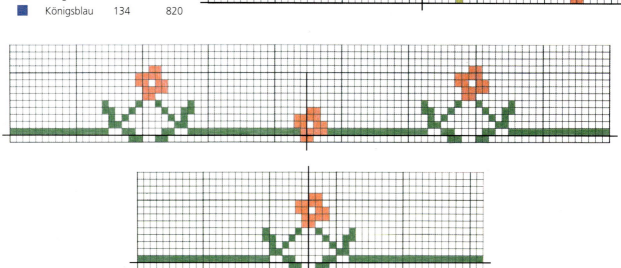

TISCHTUCH MIT ROSEN

# Tischtuch in Weiß und Blau

Blau und Weiß bringen neues Leben in traditionelle Kreuzstichmuster und bilden eine ideale Farbkombination für Tischwäsche. Die aus quadratischen Motiven zusammengesetzten Muster sind vielseitig und leicht auszuführen. Bei unserem alten Stück bestehen die Eckmuster aus sich abwechselnden Blumenmotiven und geometrischen Motiven. Die Mitte schmückt ein feines, luftiges Gittermuster.

Das Original wurde mit großem Können und von einer erfahrenen Stickerin hergestellt, die wollenen Crêpestoff verwendete. Für weniger Kundige bietet sich eher ein feiner Leinenstoff an, auf dem sich die Fäden leicht zählen lassen; damit läßt sich der gewünschte Gesamteindruck leichter erzielen. Man kann aber auch das Muster vereinfachen, indem man auf einem Grundstoff mit geringerer Fadenzahl arbeitet.

### Zur Tischdecke
Größe: ca. 99 x 108 cm
64 Stiche/10 cm
Bei Stoffen mit doppelter Fadenzahl Stiche jeweils über zwei Gewebefäden arbeiten.

### Material
120 cm gleichmäßig gewebtes Leinen (140 cm breit), ca. 132 Fäden/10 cm
Sticknadel Nr. 24
Sticktwist in den in der Tabelle auf Seite 46/47 angegebenen Farben
Mit zwei Fäden Sticktwist in der Nadel sticken.

### Sticken
**1** An einer Ecke beginnend, von der langen Stoffkante 20 cm nach innen messen und 15 cm von der kurzen Kante. Mit einer Stecknadel markieren, damit hat man den ersten Eckpunkt. Von diesem Punkt aus entlang dem Fadenlauf des Stoffes Heftstichlinien ziehen, die die Außenkanten für die Anbringung der Motivblöcke an einer langen und einer kurzen Seite des Tuchs kennzeichnen.
**2** Lange Kante: In der durch Heftstiche markierten Ecke beginnen und auf der Innenseite der Heftstichlinie ein quadratisches Motiv sticken, dann alternierend 27 Blumen- und Quadratmotive in einer Reihe ausführen (siehe Zählvorlagen). Die Blumen müssen zur Stoffmitte zeigen.
**3** Kurze Kante: Vom Quadratmotiv in der Ecke ausgehend, auf der Innenseite der Heftstichlinie 11 alternierende Blumen- und Quadratmotive in einer Reihe sticken. Eine Lücke von sechs Fäden lassen und, mit einem Blumenmotiv beginnend, weitere 12 Motive ausführen. Damit erreichen wir die nächste Ecke.
**4** Bordüre fertigstellen, indem Sie auch auf die restlichen zwei Seiten des Rechtecks Motivreihen sticken, die denen der bereits bestickten Seiten entsprechen. Ecken mit diagonalen Reihen sich abwechselnder Motive ausfüllen. Eventuell auch Reihen weglassen.
**5** Das Tuch durch Falten in vier Teile teilen, die den Kanten des Rechtecks entsprechen, das von den Quadratmotiven gebildet wird, und den Mittelpunkt auf der gemusterten Fläche mit einer Stecknadel markieren. Ein Quadratmotiv in die Mitte des Stoffes setzen. Anhand der Zählvorlage Bordürenmuster ausführen, so daß es ein Gitter um das in der Mitte gearbeitete Motiv bildet. In die restlichen 8 Felder des Gitters ebenfalls je ein quadratisches Motiv sticken.
**6** An den Ecken beginnend die äußeren Bordüren jeweils in Richtung Mitte ausführen. An den Treffpunkten der Stickerei entlang den Seiten das Muster nötigenfalls passend machen.

### Fertigstellen
**1** Ringsum 3,5 cm von den Außenkanten der Bordüre nach außen messen und Stoff entlang dem Gewebeverlauf zuschneiden.
**2** An den Längsseiten zunächst 0,5 cm, dann 1 cm für den Saum umschlagen, heften und bügeln. An beiden Seiten Hohlsäume anfertigen (siehe Seite 18).
**3** Auf die gleiche Weise an den kurzen Seiten Hohlsäume bilden. Durch die Hohlsäume werden die Ecken zu dekorativen Quadraten.

BEI TISCH

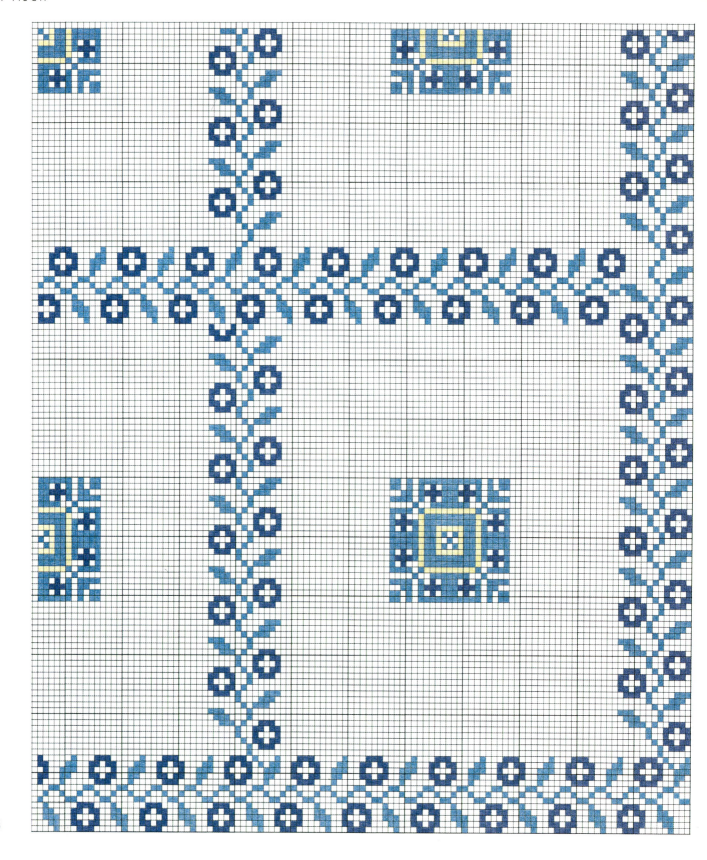

TISCHTUCH IN WEISS UND BLAU

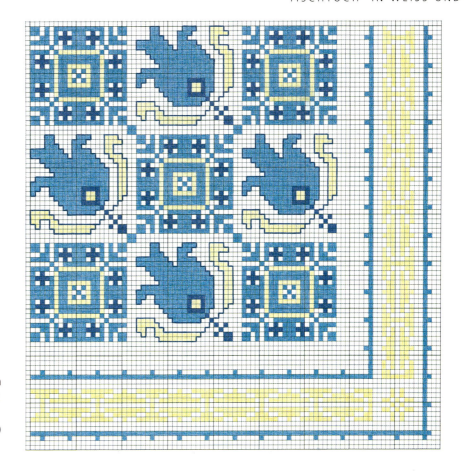

**Garnfarben**

| | | Anchor | DMC |
|---|---|---|---|
| | Creme | 926 | 712 |
| | Blau | 161 | 3760 |
| | Marineblau | 164 | 824 |

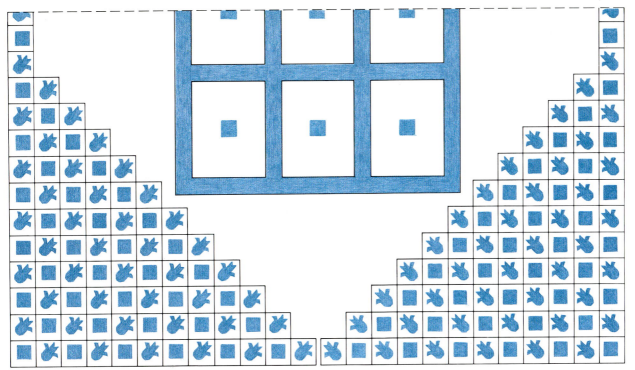

# Karierte Tischsets

Karostoffe sind nach wie vor sehr beliebt und in vielen schönen, leuchtenden Farben erhältlich. Das Karomuster gibt einen wunderbaren Hintergrund für Kreuzstickereien ab. Je nach Größe der Fadenquadrate kann über ein einzelnes winziges Quadrat gestickt werden oder man stickt in einem größeren Quadrat und formt mit vier, fünf Stichen ein symmetrisches Muster.

Tischsets aus Karostoff sind ideale Arbeiten für Einsteiger. Suchen Sie sich ein Stück Stoff mit einem ähnlichen Muster wie auf den Fotos aus, und denken Sie daran, das Muster Ihrem Stoff anzupassen, indem Sie das Schneeflockenmedaillon (unten) auf Papier mit 2-mm-Karo aufzeichnen. Überlegen Sie sich vor dem Zuschneiden des Stoffes, wo Sie die Motive anbringen wollen und ändern Sie die Größe der Sets dann entsprechend. Zählvorlagen mit weiteren Medaillonmotiven finden Sie auf Seite 108/109.

### Zu den Tischsets
Größe: ca. 41 x 31 cm (ohne Borte)
48 Stiche/10 cm

### Material
Für jedes Set:
44 x 34 cm Karostoff (Baumwolle)
Stoff für die Unterseite und Einlage (jeweils gleiche Größe wie Oberstoff)
70 cm Borte oder Fransenband
Feine Sticknadel mit Spitze Nr. 7
Sticktwist in den in der Tabelle angegebenen Farben
Mit zwei Fäden Sticktwist in der Nadel sticken

### Sticken
**1** Die Medaillonmotive nach dem Zählmuster sticken und damit die großen Quadrate ausfüllen. Dabei in die kleineren Stoffquadrate jeweils einen einzelnen Kreuzstich arbeiten. Motive nach Wunsch auf dem Set anordnen.

### Fertigstellen
**1** Stoff an den kurzen Kanten von Karo- und Unterstoff um 1,5 cm nach links umschlagen und bügeln. An beiden kurzen Seiten des Einlagestoffs je 1,5 cm abschneiden. Einlage auf die linke Seite des Karostoffs legen, die langen Kanten müssen dabei bündig sein. Die kurzen, umgeschlagenen Kanten des Karostoffs über die Einlage legen, um ungesäumte Kanten einzufassen. Einlage und Karostoff zusammenheften.

**2** Unterseite rechts auf rechts auf den Karostoff legen und entlang den langen Seiten zusammenstecken. Lange Kanten mit der Maschine mit einer Nahtzugabe von 1,5 cm zusammensteppen, so daß eine Art Röhre entsteht. Die Röhre auf rechts wenden und die Nähte flachbügeln, dabei aber keine Kreuzstiche zerdrücken.

**3** Die umgeschlagenen seitlichen Kanten zusammenstecken und -heften, dann mit Hohlstichen vernähen. Borte oder Fransenband von passender Länge über beide Kanten nähen.

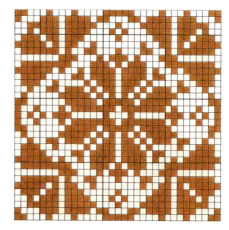

**Garnfarben**

|   | Farbe | Anchor | DMC |
|---|---|---|---|
| ☐ | Gelb | 278 | 472 |
| ☐ | Blau | 148 | 311 |
| ☐ | Rost | 339 | 920 |

# Numerierte Serviettenringe

Numerierte Serviettenringe verleihen auch den alltäglichen Mahlzeiten und Einladungen eine besondere Note. Damit kann man Gästen des Hauses ihren eigenen Serviettenring zuteilen, der während ihres gesamten Aufenthalts für sie reserviert bleibt. Die Kreuzstichzahlen werden über Stickleinwand gearbeitet, weshalb die Stiche leicht zu zählen sind. Sie sind flugs ausgeführt und verzieren die klassischen Moiré-Ringe aufs Stilvollste. Wählen Sie einen dekorativen Knopf oder eine Perle, an denen die Schlaufe auf der Rückseite befestigt werden kann. Seien Sie ruhig experimentierfreudig, und versuchen Sie es auch mit einem Monogramm. Die entsprechenden Buchstaben finden Sie in den Alphabeten auf Seite 98-101.

### Zu den Serviettenringen

Größe: ca. 20 x 5 cm; Durchmesser, wenn geschlossen, ca. 5 cm
48 Stiche/10 cm

### Material

Für jeden Serviettenring:
50 cm Moiré-Band (grob gerippt), Breite 5 cm
Stramin, ca. 48 Fäden/10 cm
Buchbinderleinen
Knöpfe oder Perlen
Krüwellnadel Nr. 7
Sticktwist in den in der Tabelle angegebenen Farben
Mit zwei Fäden Sticktwist in der Nadel sticken

### Sticken

**1** Band der Breite nach in der Mitte zusammenfalten, Faltkante mit Heftstichen markieren. Auf der zu bestickenden Seite von der Mitte aus 16,5 cm in eine Richtung messen. Durch diesen Punkt mit einer Heftstichlinie über das Band sticken. Hier ist die Zahl zu sticken.
**2** Ein 7 cm großes Stück Stramin ausschneiden, mittig auf die Heftstichlinie legen und anheften. Eine Zahl nach Stickvorlage ausführen, dabei durch Stramin und Band sticken. Sie können auch einen Buchstaben sticken; siehe dazu Seite 98-101.
**3** Nach dem Sticken vorsichtig die Straminfäden herausziehen (siehe Seite 17).

### Fertigstellen

**1** Von der aufgehefteten Mittellinie aus 21 cm in beide Richtungen abmessen. Band an beiden Enden ganz abschneiden.
**2** Bei rechts auf rechts liegendem Band ein Ende des Bandes der Länge nach zusammenfalten, so daß die Webkanten aneinanderstoßen. Feststecken und mit einer Nahtzugabe von 1,5 cm entlang der ungesäumten Kanten vernähen. Die Ecke knapp an der Naht zuschneiden, die Naht auseinanderbügeln und auf rechts wenden, um eine Spitze zu erhalten. Mit dem anderen Ende des Bandes ebenso verfahren.
**3** Das Band links auf links in der Mitte zusammenfalten, so daß die beiden Spitzen genau deckungsgleich sind. Ein Stück Buchbinderleinen so zuschneiden, daß es in das gefaltete Band paßt. Durch alle Stoffschichten heften, damit es nicht verrutscht. Kanten ringsum mit Hohlstichen vernähen, so daß das Buchbinderleinen mit eingefaßt wird.
**4** Den Serviettenring so einrollen, daß sich die Enden um ca. 2 cm überlappen. Zusammennähen oder eine Schlaufe zum Verschließen anbringen; in diesem Fall abschließend Knopf- oder Perlenverschluß annähen.

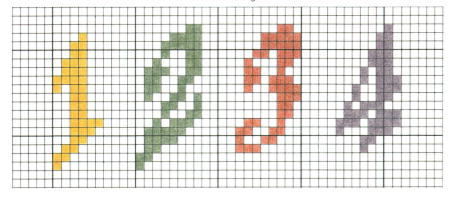

| Garnfarben | | Anchor | DMC |
|---|---|---|---|
| Lila | | 870 | 3042 |
| Gold | | 363 | 436 |
| Rosa | | 77 | 3350 |
| Grün | | 878 | 501 |

# Im Wohnzimmer

Mit handgearbeiteten Stücken verleiht man dem Wohnzimmer eine persönliche Note, und unter unseren Mustern, die von traditionell bis brandaktuell reichen, findet sich sicher auch etwas für Ihren Ausstattungsstil. Die Stickmustertücher und das Kissen sind Kopien von Originalentwürfen und wurden so abgewandelt, daß sie in ein modernes Zuhause passen, ohne etwas von ihrer Schlichtheit und ihrem Charme zu verlieren.

Die Regiestühle werden zu erlesenen Möbelstücken, wenn man ihre Bezüge mit einem beeindruckenden Kronen- oder Herzmotiv verziert. Ein weicher, wollener Überwurf mit hübscher Kreuzstichbordüre versteckt ein altes Sofa, aber die gleiche Umrandung könnten Sie auch auf einer Decke anbringen, die Sie an einem heißen Sommertag zum Picknick am Fluß mitnehmen.

# Bezug für einen Regiestuhl

Regiestühle haben ein klassisches Design und einfache Linien, die sich ganz problemlos in fast jedes Haus oder jeden Garten integrieren lassen. Dazu kommt der Vorteil, daß man sie ganz flach zusammenklappen und einfach nach Gebrauch wegpacken kann. Die Bezüge werden von links vernäht und über den Stuhl gestülpt, das heißt man kann mit unserer Anleitung die passende Größe für jeden Stuhl anfertigen. Kreuzstichkrone und -herz, die in Perlgarn direkt auf den Bezug gearbeitet werden, haben eine wunderbar reliefartige Struktur. Es gibt aber auch die Möglichkeit, das Motiv auf ein quadratisches Stoffstück zu sticken, das dann auf den fertigen Bezug appliziert werden kann.

### Zum Bezug:
Der Bezug paßt auf einen Regiestuhl normaler Größe mit flachen Armlehnen aus Holz
Größe des fertigen Motivs:
Krone: 21 x 25 cm
Herz: 18 x 27 cm
44 Stiche/10 cm

### Material
310 cm kräftiger Baumwollstoff (Breite 112 cm)
Stramin, ca. 40 x 40 cm, ca. 44 Fäden/10 cm
Feine Sticknadel mit Spitze Nr. 6
Perlgarn in den in der Tabelle auf Seite 56/57 angegebenen Farben
Schnittmusterpapier oder Schneiderkreide

### Zuschneiden
**1** Machen Sie ein Schnittmuster für den Bezug, das den Abmessungen des Stuhles entspricht (siehe gegenüberliegende Seite). Man erhält dabei immer rechteckige oder quadratische Teile (siehe Zeichnung). Zuerst auf Papier aufzeichnen, ein Schnittmuster anfertigen, und dann den Stoff zuschneiden. An jeder Seite 8 cm für Nähte und Säume zugeben. Diese großzügige Zugabe kann später zurechtgeschnitten werden. Wenn Sie es sich zutrauen, können Sie mit Schneiderkreide auch direkt auf die Stoffrückseite zeichnen. Werden zwei Teile gebraucht (siehe Schritt 7), eines seitenverkehrt verwenden, wenn es sich um eine unregelmäßige Form handelt.

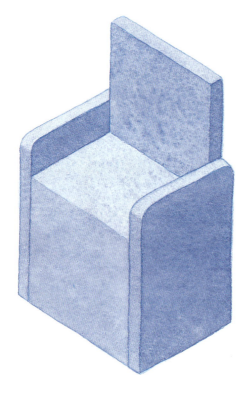

# BEZUG FÜR EINEN REGIESTUHL

**2** Beim Hauptteil (A) von Bodenhöhe ab am unteren Rückenrand hoch messen und über die Rückenlehne hinunter über die Sitzfläche und die Vorderseite hinab bis zum Boden messen. Das ergibt die Längsseite des Rechtecks. Dessen kurze Seite erhält man, wenn man die Breite der Sitzfläche (vordere und hintere Kante) und die Stuhlbreite sowohl an der Oberkante der Rückenlehne als auch auf Bodenhöhe (Vorder- und Rückseite) mißt. Ein Schnittmuster für Teil A anfertigen (siehe 1).

**3** Bei den Seitenfeldern (B) die Abmessungen auf Bodenhöhe zugrundelegen (von vorne bis hinten), entlang der Oberkante der Armlehne (von vorne bis hinten) und vom Boden bis zur Armlehne an der Vorder- und Rückseite. Ein Schnittmuster für Teil B anfertigen (siehe 1).

**4** Bei den inneren Armteilen (C) die Länge der Armlehne vom Ansatz an der Rückenlehne bis zur Vorderseite abmessen, ebenso die Tiefe der Sitzfläche und den Abstand von der Sitzfläche zur Oberkante der Armlehne (vorne und hinten). Ein Schnittmuster für Teil C anfertigen (siehe 1).

**5** Für den Armlehnenstreifen (D) vom Boden ab die Vorderseite des Armteils hoch, die Oberseite der Armlehne bis zum Rücken und dann an der Rückseite hinunter bis zum Boden messen. Die Breite der Armlehne messen. Ein Schnittmuster für Teil D anfertigen (siehe 1).

**6** Für die Seitenzwickel (E) von der Oberkante der Armlehne auf der Rückseite des Stuhls hoch zur Oberkante der Rückenlehne messen, dann die Breite der Holzstreben der Rückenlehne. Schnittmuster für Teil E fertigen (siehe 1).

**7** Die Schnittmusterteile auf dem Stoff feststecken; dabei auf den Fadenlauf achten. Zuschneiden: 1 Hauptteil (A), 2 Seitenfelder (B), 2 innere Armteile (C), 2 Armlehnenzwickel (D) und 2 Seitenzwickel (E). Markieren Sie die Oberkante der Rückenlehne mit einer Heftstichlinie auf dem Hauptteil (A). Diese Linie hilft Ihnen dann auch beim Ausrichten des Stickmotivs (siehe Seite 56).

### Zeichenerklärung
A Hauptteil (Vorder- und Rückseite)
B Seitenfelder
C Innere Armteile
D Armlehnenstreifen
E Seitenzwickel

IM WOHNZIMMER

**Sticken**

**1** Das Motiv wird auf die Rückseite des Hauptteils (A) gestickt, bevor der Bezug vernäht wird. Um das Motiv richtig zu plazieren, falten Sie die Rückseite von Teil A der Länge nach auf die Hälfte zusammen und markieren Sie die Faltkante mit Heftstichen, die dem Fadenlauf folgen. Eine weitere Heftstichlinie im rechten Winkel zur Mittellinie arbeiten, und zwar im Abstand von 24 cm und parallel zu der Heftstichlinie, die die Oberkante der Rückenlehne markiert (siehe Zuschneiden, Schritt 7).

**2** Die horizontalen und vertikalen Mittelfäden auf dem Stramin markieren und ihn auf der rechten Seite des Grundstoffes anheften, dabei die Mittelpunkte zur Deckung bringen.

**3** Das Kreuzstichmotiv nach den Zählvorlagen über die Leinwand arbeiten; Muster jeweils in der Mitte beginnen und nach außen arbeiten.

**4** Wenn die Stickerei fertig ist, Stramin Faden für Faden entfernen.

**5** Das Motiv kann auch auf ein quadratisches Stück Stoff gestickt werden, das dann auf den fertigen Stuhlbezug appliziert wird (siehe Seite 58).

| Garnfarben | Anchor | DMC |
|---|---|---|
| Lila | 0939 | 793 |
| Hellstes Blau | 976 | 3325 |
| Blaßblau | 0977 | 334 |
| Mittelblau | 0978 | 322 |

BEZUG FÜR EINEN REGIESTUHL

| **Garnfarben** | | Anchor | DMC | | | Anchor | DMC |
|---|---|---|---|---|---|---|---|
| | Blaßgold | 0887 | 422 | | Gold | 0888 | 420 |
| | Mittelgold | 0945 | 3046 | | Limone | 0278 | 472 |

## Fertigstellen

**1** Das Hauptteil (A) mit der linken Seite nach außen über den Stuhl legen und die Seitenzwickel (E), ebenfalls auf links gewendet, auf beiden Seiten anstecken. Darauf achten, daß der Rücken gut auf dem Stuhl sitzt, aber noch etwas Spiel hat, so daß später die Nähte nicht zu sehr gespannt werden und der Bezug leicht abgenommen werden kann. Die Nahtzugabe an den oberen Ecken des Hauptteils abschneiden, so daß die Oberkanten des Zwickels Platz haben. Den Bezug abnehmen und Zwickel annähen, dabei die Nahtzugabe vom paßgenauen Anstecken übernehmen.

**2** Bezug wieder über den Stuhl legen (auf links gewendet) und die inneren Armteile (C) am Hauptteil (A) feststecken, und zwar vom unteren Ende der Seitenzwickel hinunter bis zur Sitzfläche, dann deren Außenkanten entlang. Wenn sie unregelmäßig geformt sind, überprüfen, ob jedes Teil am richtigen Platz sitzt. Mit Klebeband auf den Armlehnen befestigen. Die Nahtzugaben abschneiden und innere Armteile vernähen.

**3** Bezug wieder über den Stuhl breiten (auf links gewendet) und die Armzwickel (D) an den Vorderkanten des Hauptteils (A) und der inneren Armteile (C), über die Oberkanten der inneren Armteile, an der Unterseite der Seitenzwickel (E), dann auf der Rückseite an den Seitenkanten des Hauptteils hinab feststecken. Wo nötig, die Nahtzugaben abschneiden. Den Bezug abnehmen und die Armzwickel annähen.

**4** Bezug wieder auf den Stuhl stülpen (auf links gewendet) und die Seitenfelder (B) entlang den Kanten der Armzwickel (D) feststecken. Überprüfen Sie, ob jedes Teil am richtigen Platz sitzt. Die Nahtzugaben abschneiden, Bezug abnehmen und die Seitenfelder annähen.

**5** Die Nähte auseinanderbügeln, überstehenden und auftragenden Stoff abschneiden und Kanten säubern.

**6** Auf rechts wenden und über den Stuhl stülpen. Rings um die untere Kante des Bezugs einen Saum umschlagen und feststecken. Bezug vom Stuhl nehmen und den Saum festnähen. Abschließend bügeln.

## Stickmotiv applizieren

Sie können auch einen fertigen Stuhlbezug kaufen, wie er auf Seite 53 zu sehen ist, auf den sie dann das Motiv applizieren. Wir haben als Hintergrund für die Stickerei einen andersfarbigen Stoff gewählt.

**1** Ein 28 cm großes Stoffquadrat zuschneiden. Das Muster nach der Anleitung auf Seite 16 ausrichten.

**2** Motiv nach der Stickvorlage auf Seite 56 über Stramin sticken, dabei das Motiv von der Mitte aus in Richtung der Ränder arbeiten. Abschließend vorsichtig Straminfäden entfernen (siehe Seite 17). Einen einfachen Saum umschlagen und bügeln.

**3** Für die kontrastierende Einfassung Stoffstreifen abmessen und zuschneiden: 10 cm Breite mal Kantenlängen des gesäumten Quadrats, dazu noch 10 cm für die Briefecken. Die Streifen der Breite nach in der Mitte falten, Briefecken arbeiten (siehe Seite 18) und den Rahmen am Quadrat festnähen.

**4** Das fertige Quadrat auf die Rückseite eines fertigen Stuhlbezuges applizieren.

# Vorhänge mit blauem Stickfeld

Bestickte Schmuckstreifen auf Wohnzimmervorhängen sind ein grandioser Blickfang. Kreuzstichmuster, die in horizontal verlaufenden Bändern gearbeitet sind, können als Bordüren oder als Umrandung von Querbehängen an schlichten, ländlichen Vorhängen dienen. Die einfachen Linien eines Streifens Drell eignen sich besonders gut für diese Art von Arbeit. Das obere Ende, in kontrastierendem Drellstoff gehalten, bildet bei zurückgezogenen Vorhängen eine ungewöhnlich weiche, dick gebauschte Schabracke.

Die bestickten Schmuckstreifen werden separat ausgeführt und auf die fertigen Vorhänge genäht. Dadurch bieten sich allerlei Möglichkeiten bezüglich der Kombination verschiedener Stoffe. Um einen schlichteren Effekt zu erzielen, kann man das Muster für den Einsatz auch direkt auf ein breites Stück Stoff sticken, das den Hauptteil des späteren Vorhangs bildet.

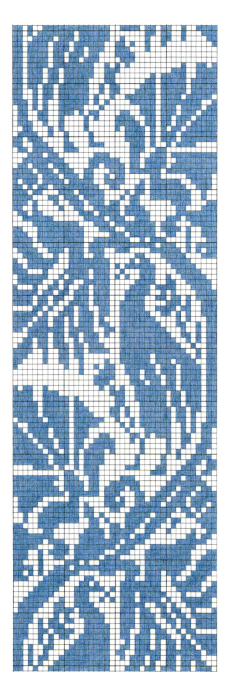

### Zu den Vorhängen:
Größe: ca. 90 cm hoch x 120 cm breit
Größe eines Musterrapports: 24 x 8 cm
48/52 Stiche/10 cm
Bei Stoffen mit doppelter Fadenzahl Stiche jeweils über zwei Gewebefäden arbeiten.

### Wichtig:
Im allgemeinen gilt: Diese Art von Vorhang muß die eineinhalb- bis zweifache Breite des Fensters haben. Vorhänge mit der oben angegebenen Größe passen vor ein Fenster von ca. 120 cm – 160 cm Breite und einer Höhe von 90 cm. Ändern Sie die Stoffmaße entsprechend der Größe Ihres Fensters ab.

### Material
Für zwei Vorhänge:
30 cm gleichmäßig gewebtes Leinen (140 cm breit) ca. 100 Fäden/10 cm
220 cm Drellstoff, 140 cm breit
100 cm kontrastierender Stoff, 140 cm breit, für die Schabracke
250 cm gängiges Gardinenraffband, 3 cm breit
4 Knopfgewichte
Sticknadel ohne Spitze Nr. 24
Sticktwist in der unten angegebenen Farbe
Durchwegs mit zwei Fäden Sticktwist in der Nadel sticken

### Sticken
**1** Den Leinenstreifen der Länge nach in der Mitte zusammenfalten und entlang der Faltkante durchschneiden, um zwei Streifen zu erhalten; dabei dem Fadenlauf folgen. Einen der Streifen erneut der Länge nach auf die Hälfte zusammenfalten und die Faltkante mit Stecknadeln markieren. Eine Reihe Heftstiche entlang dem Fadenlauf ausführen, um die Mittellinie zu kennzeichnen. Den zweiten Streifen gleichermaßen markieren.

**2** Etwa 3 cm über einem Ende eines der Streifen mit dem Anlegen des Musters beginnen, dabei nach Zählvorlage vorgehen und das Muster auf die Stoffmitte ausrichten. Den Einsatz weiter besticken, bis die gewünschte Länge erreicht ist. Den zweiten Einsatz auf die gleiche Weise arbeiten.

### Fertigstellen
**1** Den Vorhangstoff in zwei gleich große Stücke von gewünschter Länge schneiden, dabei aber unten 16 cm und oben 3 cm für den Saum zugeben. Einen doppelten Saum von zweimal 8 cm umschlagen. Bügeln und heften. An jeder Seitenkante 9 cm auf die linke Seite umschlagen und die Kanten mit großen Hexenstichen einfassen; Hexenstichreihe 18 cm über den Ecken an der Unterkante beenden. Briefecken arbeiten und ein Knopfgewicht hineinnähen, dann die Hexenstichreihe bis zur Unterkante weiterführen. Den unteren Saum mit Hohlstichen befestigen.

**2** Bei jedem bestickten Streifen den Stoff bis auf 1 cm um die Stickerei zuschneiden, dann die Kanten auf die linke Seite umschlagen, bis an den Rand der Stickerei, und heften. Die Streifen so auf den Vorhängen befestigen, daß die Unterkanten der Streifen sich mit der Saumlinie decken, und daß jeweils ein 10 cm breiter Stoffstreifen an den Innenseiten

| Garnfarbe | | |
|---|---|---|
| | Anchor | DMC |
| Blau | 169 | 806 |

der Vorhänge bleibt, dort, wo sie beim Zuziehen aneinanderstoßen. Die Schmuckstreifen mit Hohlstichen festnähen.

**3** Zwei Stoffstücke für die Schabracken von je 140 x 46 cm zuschneiden. An jeder der kurzen Seitenkanten 9 cm auf die linke Seite umschlagen. Mit Hexenstichreihen einfassen.

**4** Eine lange Seite des Schabrackenstücks rechts auf rechts an der Oberkante eines Vorhangteils so feststecken, daß die Oberkante der Schabracke 1,5 cm unter der Oberkante des Vorhangs liegt. Zusammennähen, und dabei die Nahtzugabe aus der Oberkante der Schabracke entnehmen. Schabrackenstoff auf rechts wenden und Naht nach oben flachbügeln.

**5** Entlang der anderen langen Kante der Schabracke 1,5 cm auf die linke Seite umschlagen. Bügeln und heften. Die Schabracke der Länge nach auf die Hälfte so zusammenfalten, daß die umgeschlagene Kante auf der Rückseite des Vorhangs auf die Nahtlinie trifft. Mit Hohlstichen annähen.

**6** Bei flach aufliegender Schabracke, Gardinenband so auf der Vorhangrückseite feststecken, daß die Unterkante etwas unter der Nahtlinie der Schabracke liegt. Das Band passend zuschneiden, dann die Enden umschlagen, um saubere Kanten zu haben. Mit der Maschine durch alle Stofflagen hindurch feststeppen.

# Überwurf mit Erdbeeren

Der hier abgebildete Überwurf ist eine geschickte Verkleidung für ein altes Sofa, aber er würde auch auf einem Bett oder gar als eigenständige Decke eine gute Figur machen. Die Bordüre wird auf ein dekoratives Samtband gestickt, das einen feinen gewebten Wollstoff einfaßt. Wir haben sie mit einem zarten Erdbeermuster bestickt, aber Sie können sich auch ein anderes Muster aus der Motivsammlung auf Seite 106/107 aussuchen; sie umfaßt unter anderem Herzen, Blumen und Kirschen.

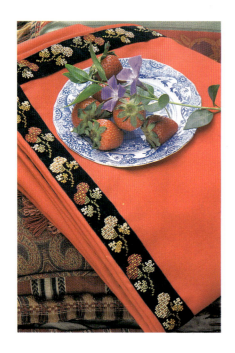

### Zum Überwurf:
Größe: ca. 197 x 135 cm, 56 Stiche/10

### Material
725 cm Band, mindestens 5 cm breit. (Wir haben Baumwollsamt verwendet. Wenn Sie eine andere Art von Band wählen, achten Sie auf feste Qualität.)
200 cm feingewebter Wollstoff (138 cm breit) (wir haben einen reinen Wollstoff verwendet)
Stramin, ca. 56 Fäden/10 cm
Feine Sticknadel mit Spitze Nr. 7 oder 8
Sticktwist in den in der Tabelle angegebenen Farben
Mit zwei Fäden Sticktwist in der Nadel sticken.

### Sticken
**1** Stramin entlang den Gewebefäden in Streifen schneiden. Diese sollten auf beiden Seiten mindestens 4 cm breiter sein als das Band.
**2** Das Band sorgfältig an den Stoffkanten abmessen, dabei an den Ecken jeweils ca. 5 cm für Saum und Überstand zugeben. Wenn Sie Briefecken arbeiten wollen (siehe Seite18), Band in vier Stücke, jeweils zu den Seitenlängen der Decke passend, schneiden.
**3** Ca. 5 cm für jede Ecke frei lassen und Stramin auf der ersten Bandlänge anheften; darauf achten, daß die Leinwandfäden parallel zu den Kanten des Bandes verlaufen. Möglicherweise arbeitet es sich leichter, wenn Sie eher kleine Stücke Stramin verwenden.
**4** Die Motive nach der Zählvorlage ausführen, indem Sie die Fäden auf dem Stramin zählen und jeweils drei Stiche zwischen den Motiven frei lassen. Lassen Sie bei Briefecken ein genügend großes Stück Band zum Umschlagen frei, so daß nur komplette Motive sichtbar sind.
**5** Stramin behutsam entfernen.
**6** Die übrigen Bandstücke genauso bearbeiten.

### Fertigstellen
**1** Die Webkanten an beiden Längsseiten des Stoffes umschlagen und sorgfältig annähen. Die zwei restlichen Seiten vorsichtig heften und bügeln, und dann einen doppelten Saum nähen.
**2** Das Band erst auf der rechten Stoffseite feststecken, dann -heften, dabei sauber um die Ecken arbeiten (als Briefecken oder einfach überlappend).
**3** Das Band von Hand oder mit der Maschine ringsum festnähen. Heftfäden entfernen. Vorsichtig von links bügeln, dabei die Stickerei nicht zerdrücken.

### Garnfarben

| | Anchor | DMC |
|---|---|---|
| Purpurrot | 19 | 347 |
| Scharlachrot | 46 | 666 |
| Gelb | 307 | 783 |
| Dunkelgrün | 268 | 3345 |
| Grün | 266 | 3347 |
| Ekrü | 372 | 738 |
| Creme | 885 | 3047 |
| Rost | 347 | 402 |
| Braun | 349 | 301 |
| Grün | 845 | 3011 |
| Chartreuse | 907 | 832 |
| Strohgelb | 956 | 677 |

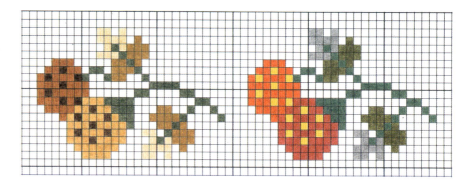

# Stickmustertuch »Kirche«

Stickmustertücher spielen in der Geschichte der Stickkunst eine bedeutende Rolle. Ihre Muster besitzen einen zeitlosen Charme, und die traditionellen Motive, die sie schmücken, haben eine besondere Ausstrahlung: Oft wird das Wesen von Vögeln, Bäumen, Häusern und Menschen schon mit ganz wenigen, überlegt gesetzten Stichen erfaßt.

Ursprünglich dienten Stickmustertücher dazu, verschiedene Sticharten und Muster zu Nutz und Frommen von Berufs- und Freizeitstickerinnen festzuhalten. Im 18. und 19. Jahrhundert bekamen sie dann eher eine erzieherische Funktion; von den meisten jungen Mädchen erwartete man, daß sie im Laufe ihrer Ausbildung mindestens ein Mustertuch herstellten, auf dem normalerweise Alphabete und Zahlen zu sehen waren. Gegen Ende des 19. Jahrhunderts begann man, Stickmuster zunehmend wegen ihres ästhetischen Eigenwerts zu schätzen.

Mit den folgenden drei Arbeiten stellen sich Mustertücher ganz unterschiedlicher Art vor, die die Entwicklung des Mustertuchs seit ihren Anfängen widerspiegeln. Mit Hilfe der Zählvorlagen auf Seite 98–101 können Sie auch Bezüge zu Ihrer eigenen Familie in die Tücher einbauen und auf diese Weise kleine Kunstwerke herstellen, die dekorativer Wandschmuck und ganz persönliche Familienschätze in einem sind.

### Zum Stickmustertuch:
Größe: ca. 34 x 33 cm, ohne Rahmen
72 Stiche/10 cm
Stiche jeweils über zwei Gewebefäden arbeiten, (außer für die Buchstaben; siehe unten).

### Material
73 cm gleichmäßig gewebtes Leinen (74 cm breit), ca. 144 Fäden/10 cm
Sticknadel ohne Spitze Nr. 26
Sticktwist in den in der Tabelle auf Seite 66–69 angegebenen Farben
Mit zwei Fäden Sticktwist in der Nadel arbeiten.

### Sticken
**1** Wählen Sie die Buchstaben aus. Auf dem Originaltuch waren die Stiche in den Buchstaben nur halb so groß wie die der restlichen Motive (auch wenn die Buchstaben bis zu acht Stiche hoch sind, entsprechen sie nur der Höhe von vier Stichen im übrigen Muster). Deshalb bei den Buchstaben nur über einen Gewebefaden sticken. Anhand der Alphabetvorlagen auf Seite 98–101 die Buchstaben Ihrer Wahl auf Millimeterpapier vorzeichnen. Dabei haben Sie freie Hand: Sie können damit entweder Bezüge zu Ihrer Familie oder Ihrem Zuhause herstellen oder ein einfaches Alphabet sticken. Probieren Sie aus, ob die Lettern auf einer oder zwei Zeilen besser wirken.

**2** Die Position der Umrandung auf dem Stoff markieren: Zuerst an einer langen Kante eine Heftstichlinie in 22 cm Abstand vom Rand machen, dann eine weitere Linie parallel zur ersten sticken, aber 17 Stiche (34 Fäden) nach innen versetzt. An der anderen langen Seite wiederholen.

**3** Die äußere Umrandungslinie (in Blaßgrün) nach Zählvorlage innerhalb der Heftstichlinien sticken, bis eine Ecke erreicht ist. Zählen und die diagonale Ecke sticken, dann die zwei Heftstichlinien für die nächste (Schmal-)Seite anbringen und bis zur nächsten Ecke sticken. Die dunkelgrüne innere Umrandung können Sie nach Belieben jetzt oder auch später sticken.

**4** Sobald die Umrandung fertig ist, lassen sich die übrigen Elemente leichter positionieren. Beginnen Sie mit der Kirche. Ihre Basis finden Sie, indem Sie von der rechten Umrandung 40 Stiche, von der linken Umrandung 42 Stiche und 30 Stiche von der unteren Umrandung nach innen zählen.

**5** Dann die Buchstaben (siehe 1) in die Fläche unterhalb der Kirche sticken. Die Positionen von Blumen, Bäumen etc. lassen sich nun – mit Umrandung und Kirche als Orientierung – leichter finden.

**6** Stoff zuschneiden, ringsum einen Rand lassen, der breit genug zum Aufziehen und Rahmen des Mustertuchs ist (siehe Seite 19).

IM WOHNZIMMER

**Garnfarben**

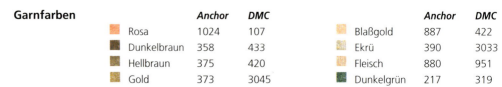

| | | Anchor | DMC | | | Anchor | DMC |
|---|---|---|---|---|---|---|---|
| | Rosa | 1024 | 107 | | Blaßgold | 887 | 422 |
| | Dunkelbraun | 358 | 433 | | Ekrü | 390 | 3033 |
| | Hellbraun | 375 | 420 | | Fleisch | 880 | 951 |
| | Gold | 373 | 3045 | | Dunkelgrün | 217 | 319 |

STICKMUSTERTUCH »KIRCHE«

|  |  | Anchor | DMC |  |  | Anchor | DMC |
|---|---|---|---|---|---|---|---|
|  | Salbei | 860 | 3363 |  | Schwarz | 403 | 310 |
|  | Blattgrün | 843 | 3012 |  |  |  |  |
|  | Blaßgrün | 854 | 3013 |  |  |  |  |
|  | Blau | 168 | 807 |  |  |  |  |

IM WOHNZIMMER

**Garnfarben**

| | | Anchor | DMC | | | Anchor | DMC |
|---|---|---|---|---|---|---|---|
| | Rosa | 1024 | 107 | | Blaßgold | 887 | 422 |
| | Dunkelbraun | 358 | 433 | | Ekrü | 390 | 3033 |
| | Hellbraun | 375 | 420 | | Fleisch | 880 | 951 |
| | Gold | 373 | 3045 | | Dunkelgrün | 217 | 319 |

STICKMUSTERTUCH »KIRCHE«

| | | Anchor | DMC | | | Anchor | DMC |
|---|---|---|---|---|---|---|---|
| | Salbei | 860 | 3363 | | Schwarz | 403 | 310 |
| | Blattgrün | 843 | 3012 | | | | |
| | Blaßgrün | 854 | 3013 | | | | |
| | Blau | 168 | 807 | | | | |

69

# Stickmustertuch »Schule«

Alte Schul-Stickmustertücher sind eine regelrechte Fundgrube, was Anregungen für Motive und Bordürenmuster angeht, von denen viele heute noch so frisch aussehen wie zu der Zeit, als sie gestickt wurden. Dieses Mustertuch, das eine Barbara Weall im Jahre 1870 anfertigte, besticht durch die symmetrische Anordnung von Motiven wie Blumen und Früchtekörben, die ein erstaunlich modernes Flair besitzen. Die Kübel und Töpfe mit stilisierten Blumen, die zu drei breiten, quer über das Tuch laufenden Streifen angeordnet sind, fangen die Atmosphäre eines Ziergartens wunderbar ein. In das Alphabet wurden Initialen von Familienmitgliedern integriert, ebenso findet sich oben eine Reihe mit Zahlen.

Sie können Ihren eigenen Stammbaum in einem ganz ähnlichen Muster ausführen. Aber wenn Ihnen dieser Entwurf allzu anspruchsvoll erscheint, stellen Sie doch einfach eine etwas verkleinerte Version davon her, die aus einigen Blumentöpfen und einer Umrandung besteht.

### Zum Stickmustertuch:
Größe: ca. 63 x 49,5 cm (ohne Rahmen)
56 Stiche/10 cm
Bei Stoffen mit doppelter Fadenzahl die Stiche jeweils über zwei Gewebefäden arbeiten.

### Material
89,5 cm gleichmäßig gewebtes Leinen (103 cm breit), ca. 112 Fäden/10 cm
Sticknadel Nr. 24
Entweder Sticktwist (mit zwei Fäden in der Nadel sticken) oder Paterna-Stickwolle (ein Faden). Das Original wurde mit Wolle auf Leinwand gestickt, was eine kräftige, plastische Struktur erzeugt. In den Stickvorlagen auf Seite 72-75 sind die Farben für Sticktwist angegeben, mit dem ein subtilerer und weniger kantiger Effekt erzielt wird.

### Sticken
**1** Zunächst die gewünschten Buchstaben aussuchen. Die gewünschten Lettern nach der Alphabetvorlage (siehe Seite 72) auf Millimeterpapier aufzeichnen und auf zwei oder drei Zeilen verteilen. Die Buchstabengruppe zur Positionierung auf die Mitte ausrichten (siehe 5).
**2** Zuerst die innere Umrandungslinie in Dunkelgrün ausführen. Von einer kurzen Kante 24 cm nach innen messen und markieren und in 24 cm Abstand zur

STICKMUSTERTUCH »SCHULE«

Kante beginnend eine gerade waagerechte Linie von 308 Stichen entlang einer Längskante arbeiten. Sie bildet die Basis der Innenseite der Umrandung.
**3** Dann die kurzen Kanten über 232 Stiche ausführen, dabei die ersten und letzten Stiche der soeben gestickten unteren Reihe als Orientierungshilfe für die unteren Ecken hernehmen.

**4** Die obere Reihe auf die gleiche Weise bilden. Von dieser Reihe ausgehend, die drei geraden Zeilen der oberen Buchstabengruppe ausführen, dann die restlichen drei horizontalen Linien des Mustertuchs.
**5** Nachdem diese Hilfslinien ausgeführt sind, können Sie entscheiden, in welcher Reihenfolge Sie vorgehen wollen.

Es empfiehlt sich, in der Mitte des Tuchs eine senkrechte Heftstichlinie anzubringen. Sie hilft Ihnen beim Ausrichten der Buchstaben, der Umrandungs-, Schul- und Blumenmotive.
**6** Stoff zuschneiden, aber ringsum einen Rand lassen, der breit genug ist zum Aufziehen und Rahmen des Mustertuchs (siehe Seite 19).

# IM WOHNZIMMER

**Garnfarben**

| | | Anchor | DMC | | | Anchor | DMC |
|---|---|---|---|---|---|---|---|
| | Rot | 47 | 304 | | Salbei | 844 | 3012 |
| | Gelb | 280 | 581 | | Türkis | 779 | 926 |
| | Flaschengrün | 879 | 500 | | Blau | 921 | 931 |

STICKMUSTERTUCH »SCHULE«

| | | Anchor | DMC | | | Anchor | DMC |
|---|---|---|---|---|---|---|---|
| | Grau | 399 | 318 | | Hellbraun | 351 | 400 |
| | Schwarz | 403 | 310 | | Beige | 853 | 613 |
| | Braun | 381 | 938 | | Weiches Grau | 388 | 3782 |

IM WOHNZIMMER

| **Garnfarben** | | *Anchor* | *DMC* | | | *Anchor* | *DMC* |
|---|---|---|---|---|---|---|---|
| | Rot | 47 | 304 | | Salbei | 844 | 3012 |
| | Gelb | 280 | 581 | | Türkis | 779 | 926 |
| | Flaschengrün | 879 | 500 | | Blau | 921 | 931 |

74

STICKMUSTERTUCH »SCHULE«

|  |  | Anchor | DMC |  |  | Anchor | DMC |
|---|---|---|---|---|---|---|---|
|  | Grau | 399 | 318 |  | Hellbraun | 351 | 400 |
|  | Schwarz | 403 | 310 |  | Beige | 853 | 613 |
|  | Braun | 381 | 938 |  | Weiches Grau | 388 | 3782 |

# Kissen mit Stickmustertuch

Mit einem Mustertuch-Kissen können Sie Ihre Handarbeiten auf recht praktische Weise zur Schau stellen und zugleich einen Hauch von Nostalgie im Wohnzimmer verbreiten. Motive mit naturalistischen Sujets wie Tieren, Vögeln, Bäumen und Menschen erfreuen sich im Lauf des 19. Jahrhunderts besonderer Beliebtheit, als man anfing, den rein dekorativen Aspekt von Stickmustertüchern zu entdecken. Unser Entwurf besteht aus einer Anzahl von Tieren und einer einfachen rankenartigen Umrandung, die mit Blumen, Früchten und Gartenmöbeln ausgeschmückt ist. Arbeiten Sie einfach Motive wie eigene Haustiere oder Ihre Lieblingsblumen ein, und schon wird daraus Ihr eigener Zaubergarten.

### Zum Kissen
Größe: ca. 45 x 45 cm
56 Stiche/10 cm
Bei Stoffen mit doppelter Fadenzahl die Stiche jeweils über zwei Gewebefäden arbeiten.

### Material
78 x 68 cm irisches Leinen, ca. 112 Fäden/10 cm. Der Stoff kann mit Tee gefärbt werden (siehe Seite 19).
Zwei passende Stoffstücke für das Kissen, 48 x 48 cm
Kissenfüllung, ca. 46 x 46 cm
200 cm Paspel oder Fransenborte (falls gewünscht)
Sticknadel Nr. 24
Sticktwist in den in der Tabelle auf Seite 78 angegebenen Farben
Mit zwei Fäden Sticktwist in der Nadel sticken.
Für das Kissen auf dem Foto wurden *Anchor*-Garne verwendet.

### Sticken
**1** Eine waagrechte und eine senkrechte Heftstichlinie durch den Mittelpunkt des Stoffes sticken. Dann in 20 cm Abstand zur Außenkante ringsum eine Reihe Heftstiche ausführen, die die Größe des fertigen Kissens anzeigt.
**2** Die Umrandung nach Zählvorlage sticken, dabei in der Mitte einer Seite beginnen und 8 Stiche von der Heftstichlinie entfernt arbeiten.
**3** In der Mitte beginnend das Alphabet ausführen, dabei von der Umrandung aus zählen.
**4** Das Efeublattmuster unter dem Alphabet auf die gleiche Weise ausführen.
**5** Sobald die Umrandung und die Heftstichlinien am richtigen Platz sitzen, dienen sie als Orientierungshilfe bei der Plazierung der anderen Motive.

### Zuschneiden
Ehe Sie mit dem Zuschnitt oder irgendwelchen Änderungen beginnen, sollten Sie die fertige Stickerei genau nachmessen. Lassen Sie an allen Seiten einen Rand um die bestickte Fläche, und schneiden Sie den bestickten Stoff auf 48 x 32 cm zu; eine Nahtzugabe von 1,5 cm auf allen Seiten ist darin enthalten.

### Fertigstellen
**1** Am oberen und unteren Rand des bestickten Gewebes jeweils die Nahtzugabe von 1,5 cm umschlagen, bügeln.
**2** Die Stickerei auf der rechten Seite eines der beiden Stoffstücke feststecken, dabei auf die Mitte ausrichten. Oben und unten sollten dabei jeweils 9,5 cm des Kissenstoffs sichtbar sein.
**3** Baumwollstickgarn nehmen und Stickerei an oberer und unterer Kante mit Schlingstichen auf das Kissen nähen.
**4** Wenn Sie sich für Paspel bzw. Fransenborte entscheiden, heften Sie diese zunächst auf der rechten Seite des Stoffs nahe der Nahtlinie fest. Achten Sie darauf, daß der Teil des Besatzes, der später sichtbar sein soll, innerhalb der Saumlinie liegt. An den Ecken etwas Besatz zugeben.
**5** Die Kissenhälften rechts auf rechts legen, zusammenheften und ringsum zusammensteppen, dabei eine genügend große Lücke für die Kissenfüllung lassen. Heftfäden vorsichtig entfernen.
**6** Das Kissen umwenden und die Kanten vorsichtig bügeln.
**7** Kissenfüllung hineingeben.
**8** Öffnung mit Hohlstichen verschließen.

IM WOHNZIMMER

**Garnfarben**

| | Anchor | DMC |
|---|---|---|
| Gelb | 874 | 834 |
| Gold | 901 | 680 |
| Ockergelb | 375 | 420 |
| Grün | 844 | 3012 |
| Dunkelgrün | 263 | 3362 |
| Blau | 977 | 334 |
| Grau | 847 | 3072 |
| Rosa | 1027 | 3722 |
| Rostrot | 884 | 400 |
| Braun | 358 | 433 |
| Dunkelbraun | 382 | 3371 |

# Allerlei Nützliches

Dieses abschließende Kapitel mit seinen praktischen Kreuzsticharbeiten für Ihr Zuhause birgt einen wahren Schatz an dekorativen Ideen. Bordbehänge waren einst eine weitverbreitete Zierde an Kaminsimsen, auf dem Land wie in der Stadt. Hier verschönern gestickte Teetassen einen Bordbehang und einen Teewärmer.

Bordüren sind stets ein beliebtes Stickthema. Das hier zur Verzierung der Handtücher aus Gerstenkornleinen vorgeschlagene Bordürenmuster können Sie jederzeit gegen einen der auf Seite 106/107 gezeigten Entwürfe austauschen; Sie können sogar ein ganzes Handtuchset herstellen, bei dem jedes Handtuch seine eigene Bordüre hat. Auf den drei Leinenbeuteln kommt der Kreuzstich auf andere Art und Weise zum Einsatz. Mit Freihand-Kreuzstichen werden hier Motivapplikationen aufgenäht, die ihrerseits auch mit Kreuzstichen verziert sind.

# Bordbehang

Dieser reizende Behang für Borde oder Kaminsimse ist ganz leicht zu sticken, sobald die einzelnen Motive richtig plaziert sind. Benutzen Sie die hier oder auf Seite 84 gezeigten Farbvorschläge, oder suchen Sie sich eine Farbkombination aus, die zu Ihrem Stil paßt. Dieses Muster könnte das i-Tüpfelchen zu einer Porzellansammlung sein, die Sie möglichst vorteilhaft präsentieren möchten.

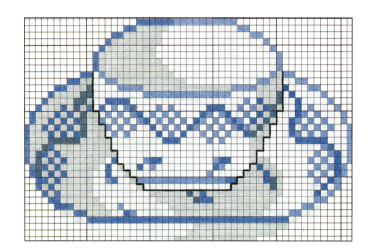

**Garnfarben**

| | Anchor | DMC |
|---|---|---|
| Creme | 926 | 822 |
| Grau | 397 | 762 |
| Porzellanblau | 978 | 322 |
| Königsblau | 979 | 312 |
| Marineblau | 922 | 930 |

### Zum Bordbehang:
Breite: 14 cm
Größe eines Motivs: 12 x 7 cm
Abstand zwischen den Motiven: ca. 3 cm
44 Stiche/10 cm

### Material:
Ein Stück naturfarbener Aidastoff, 27 cm breit (Länge je nach Bedarf), ca. 44 Fäden/10 cm (In der Breite sind 11,5 cm zur Befestigung auf dem Bord enthalten, kann bei Bedarf abgeändert werden)
Kattun als Futterstoff, 15,5 cm breit (Länge nach Bedarf)
Stück Band als Besatz (Länge richtet sich nach dem Bord)
Sticknadel Nr. 24
Sticktwist in den in der Tabelle auf dieser und auf Seite 84 angegebenen Farben
Mit zwei Fäden Sticktwist in der Nadel sticken.

### Sticken
**1** Berechnen Sie zunächst, wie die Motive verteilt werden sollen. In unserem Beispiel sind die Motive 52 Stiche breit, der Zwischenraum beträgt 14 Stiche. Also braucht man für jedes Motiv eine Fläche von 66 Stichen. Rechnen Sie anhand dieser Zahlen aus, wie viele Motive auf Ihren Bordbehang passen: die Größe der Motive bleibt dabei immer gleich (52 Stiche), passen Sie also den Zwischenraum entsprechend an.
**2** Von der Unterkante des Stoffes aus senkrechte Heftstichlinien von ca. 14 cm Länge machen. Das geschieht im Abstand von jeweils 66 Stichen (der Bordlänge entsprechend abwandeln), die Linie zeigt dabei die Motivmitte an:
**3** Die untere Linie der Motive in 4,5 cm Abstand von der Unterkante des Stoffes ausführen, die Mitte der Zählvorlage muß mit der Heftstichlinie übereinstimmen.

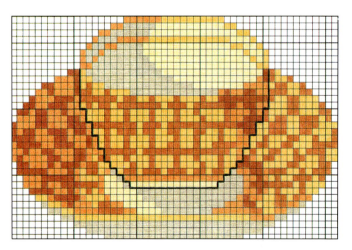

**Garnfarben**

| | Anchor | DMC |
|---|---|---|
| Creme | 885 | 3047 |
| Ekrü | 899 | 869 |
| Gelb | 307 | 783 |
| Orange | 337 | 922 |
| Rostrot | 339 | 920 |
| Braun | 341 | 918 |

BORDBEHANG

**4** Die Motive nach den Zählvorlagen ausführen.
**5** Heftfäden herausziehen.

**Fertigstellen**
**1** Das Kattunfutter mit einer Nahtzugabe von 1,5 cm rechts auf rechts an der Unterkante des bestickten Stoffs heften und annähen. Auf rechts wenden und doppelte Stofflage bügeln.
**2** Bandbesatz auf dem Behang durch sämtliche Stofflagen hindurch 13 cm über der Unterkante so feststecken, daß er entlang der Bordkante verläuft.
**3** Band und Futter heften und annähen. Heftstiche entfernen.
**4** Den oben überstehenden Stoff des Behangs mit Reißzwecken oder Klebstoff auf dem Bord befestigen.

# Teewärmer

Diesen Teewärmer schmückt das gleiche aparte Muster wie den Bordbehang. Eine kräftige Wattierung sorgt dafür, daß Ihr Tee dampfend heiß bleibt. Sticken Sie den Teewärmer nach der Zählvorlage (unten) oder halten Sie sich an die gleiche Farbpalette wie bei dem Bordbehang; beide zusammen ergeben übrigens ein reizendes Ensemble.

**Zum Teewärmer:**
Größe: ca. 39 x 26 cm
Größe eines Motivs: 12 x 7,5 cm
Abstand zwischen den Motiven: 3 cm
44 Stiche/10 cm

**Material**
42 x 15,5 cm naturfarbener Aidastoff, ca. 44 Fäden/10 cm
30 cm Baumwollstoff, 110 cm breit (wir haben naturfarbenen Stoff in Fischgrat-Bindung benutzt).
60 cm baumwollener Futterstoff, 110 cm breit
2 Stücke Wattierung, je 42 x 29 cm
Seidenpapier
Sticknadel Nr. 24
Sticktwist in den in der Tabelle angegebenen Farben
Mit zwei Fäden Sticktwist in der Nadel sticken.

**Garnfarben**

| | Anchor | DMC |
|---|---|---|
| Creme | 885 | 3047 |
| Dunkelcreme | 880 | 951 |
| Gelb | 891 | 676 |
| Gold | 313 | 977 |
| Blaßrosa | 75 | 3354 |
| Dunkelrosa | 77 | 3350 |
| Blaßgrün | 876 | 503 |
| Dunkelgrün | 878 | 501 |

**Sticken**
1 In jeweils 13 cm Abstand zu den kurzen Kanten des Aidastoffs zwei senkrechte Heftstichlinien ziehen; das ergibt die Mitte der beiden Motive.
2 Untere Reihe der Motive 4 cm über der Unterkante des Stoffes sticken; dabei muß die Mitte der Vorlagen jeweils mit den Heftstichlinien übereinstimmen. Motive nach der Zählvorlage ausführen.
3 Heftstiche entfernen.

**Fertigstellen**
1 Fertigen Sie vom Teewärmer eine Schablone aus Seidenpapier an. Beginnen Sie mit einem Rechteck von 42 x 29 cm. An einer Seite die Kurve anzeichnen und ausschneiden. Papier in der Mitte zusammenfalten und die andere Hälfte entsprechend zuschneiden.
2 Je zwei Stücke aus dem Baumwollstoff und der Wattierung zuschneiden. Ebenso vier Stücke Futterstoff zuschneiden.
3 An dem bestickten Stoff einen 1,5 cm breiten Saum abmessen, umschlagen und bügeln.
4 Bestickten Stoff rechts auf rechts so auf ein Stück Baumwollstoff legen, daß die Unterkanten deckungsgleich sind. Heften, das obere Ende des bestickten Stücks mit Hohlstichen festnähen.
5 Die beiden Baumwollstücke rechts auf rechts aufeinander legen und mit einer Nahtzugabe von 1,5 cm entlang der Krümmung zusammenheften und -nähen. Mit beiden Futterteil-Paaren wiederholen, aber hier eine Nahtzugabe von 2 cm lassen. Die Unterkante an keinem der Futterteile vernähen. Falls nötig, die Kurve zuschneiden, bügeln und Heftfäden entfernen.
6 Eines der Futterteile auf rechts wenden und das zweite hineingeben. Die zwei Wattierungsstücke dazwischenschieben. Die Unterkanten beider Futterteile umschlagen und mit der Hand zusammennähen. An beliebigen Stellen durch Futter und Wattierung steppen.
7 Unterkante der Teewärmerhülle 1,5 cm umschlagen und bügeln. Futter und Wattierung hineingeben und mit Hohlstichen an der Unterkante der Hülle annähen.

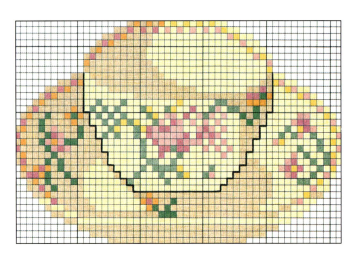

TEEWÄRMER

# Leinen-Handtuch

Leinen ist ein robuster, strapazierfähiger und äußerst saugfähiger Stoff, weshalb er sich besonders gut für Hand- und Badetücher eignet. Für derlei Zwecke nimmt man traditionell Gerstenkornleinen, das eine unvergleichliche, zeitlose Eleganz ausstrahlt.

Alte Handtücher aus solchem Material findet man in Trödelläden, oft sogar noch in gutem Zustand – ein überzeugender Beleg für die Nehmerqualitäten von Leinen. Verzieren Sie Ihr Handtuch mit geometrischen, Blumen- oder Blattbordüren, die Sie unter den Zählmustern auf Seite 106/107 auswählen können. Durch die regelmäßig gekörnte Struktur dieses Stoffes wird das Anlegen eines Kreuzstichmusters kinderleicht.

### Zum Handtuch
Größe: ca. 61 x 112 cm
52 Stiche/10 cm

### Material
88 cm Gerstenkornleinen, 61 cm breit bzw. ein altes Handtuch aus diesem Material
130 cm Spitze oder Durchbrucharbeit als Kantenabschluß (13 cm breit)
Feine Sticknadel mit Spitze Nr. 6 oder 7
Sticktwist in den in der Tabelle angegebenen Farben
Mit zwei Fäden Sticktwist in der Nadel sticken.

### Sticken
Je nach Webdichte des Stoffes kann sich auch die Fadenzahl auf 10 cm ändern, was sich ja auf die Größe der Bordüre auswirken würde. Also sollten Sie zuerst ausrechnen, wie viele Stiche pro Zentimeter gearbeitet werden sollen.
**1** Leinen der Länge nach in der Mitte falten und die Faltkante mit einer Heftstichlinie markieren, dabei dem Fadenlauf folgen, der durch die Körnerstruktur angezeigt wird.
**2** Von einer kurzen Kante des Stoffes 2,5 cm nach innen messen und mit Stecknadeln eine Linie quer über den Stoff markieren, dann dem Fadenlauf folgend eine Heftstichlinie ziehen. Diese Linie gibt die Unterkante der Bordüre an.
**3** Die Bordüre sticken, dabei das Muster von der Mitte der Zählvorlage und der Heftstich-Mittellinie des Stoffs aus anlegen und in Richtung der Ränder arbeiten.
**4** Falls gewünscht, das andere Ende des Handtuchs ebenso besticken.
**5** Heftfäden entfernen.

### Fertigstellen
**1** An beiden Schmalseiten des Stoffs zweimal 5 mm auf die linke Seite umschlagen. Mit Hohlstichen festnähen. Die langen Seiten möglichst als Webkanten lassen (bei zugeschnittenem Stoff evtl. schmale Doppelsäume einschlagen).
**2** Durchbrucharbeit oder Spitzenbesatz entsprechend der Länge beider kurzen Seiten abschneiden. Die Seitenkanten mit winzigen Säumen sauber abschließen. Leicht bügeln.
**3** Kantenabschluß am Stoff feststecken, mit Hohlstichen festnähen, bügeln.

### Garnfarben

|  | | Anchor | DMC |
|---|---|---|---|
| ■ | Blau | 848 | 927 |
| ■ | Rosa | 838 | 3064 |

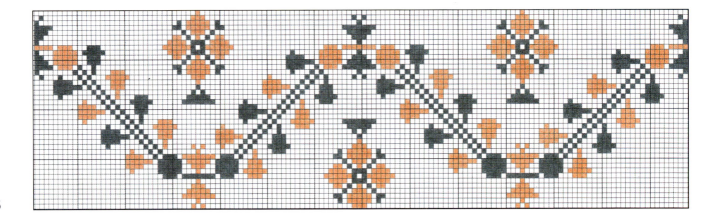

# Drei Leinenbeutel

Ungewöhnliche Beutel, die aus farbenfrohen Stoffresten hergestellt wurden, bieten nützlichen und optisch reizvollen Stauraum, in dem zum Beispiel Turn- oder Balletschuhe ordentlich weggepackt werden können oder Schmutzwäsche auf den Waschtag wartet. Streifen und Karos, die bei den Applikationen bunt durcheinandergemischt wurden, lassen diese Beutel nach Folklorekunst aussehen. Die Flickenapplikationen werden mit Freihand-Kreuzstichen angenäht, wobei jede Unregelmäßigkeit ihren Charme noch steigert – ideale Arbeiten für alle, die es beim Sticken nicht so genau nehmen. Als zusätzliche Verzierungen können Sie Perlmutt- oder Leinenknöpfe verwenden, die als Kleidungsdetails in den Motiven fungieren. Wenn die Inlettfarben Ihnen zu kräftig aussehen, sollten Sie es einmal mit der Rückseite probieren.

# ALLERLEI NÜTZLICHES

läuft, zwei andersfarbige Stoffstücke auf je 31 x 10 cm zuschneiden.

### Fertigstellen

**1** Vorder- und Rückseite rechts auf rechts an den Seitenkanten und der Unterkante zusammenstecken und -heften. Zusammennähen, umwenden und bügeln.
**2** Die Stoffstücke für den Tunnel rechts auf rechts an einer kurzen Kante zusammennähen und die Naht glattbügeln. An den übrigen kurzen Kanten 1,5 cm Stoff auf die linke Seite umschlagen und annähen. An den beiden langen Kanten 1,5 cm einschlagen, bügeln und heften.
**3** Den Streifen längs zusammenfalten und auf die ungesäumten oberen Kanten des Beutels legen, so daß er diese einfaßt. Heften und entlang der Unterkante des Tunnels und an der Außenseite des Beutels eine Reihe Kreuzstiche arbeiten. Dann den Streifen mit Hohlstichen an der Innenseite des Beutels befestigen und die Enden verbinden.
**4** Das Band in den Tunnel einfädeln und die Enden feststecken. Aus einem Stoffrest zwei gleiche Dreiecke ausschneiden. Zwei Kanten einschlagen und mit Hohlstichen zusammennähen. Die Enden des Bandes in das Dreieck einführen und die dritte Seite zunähen.

**Schuhbeutel**

**Zum Beutel**
Größe: ca. 29 x 41 cm
Nahtzugabe: 1,5 cm

**Material**
50 x 142 cm Inlett-Stoff (Baumwolle)
10 x 90 cm andersfarbiger Stoff als
   Tunnel für das Zugband
120 cm Ripsband (17 mm breit)
Ausgewählte Stoffreste
Pauspapier
Feine Nadel mit Spitze Nr. 6 oder 7
Perlgarn in verschiedenen Farben

**Zuschneiden**
**1** Für Vorder- und Rückseite des Beutels zwei rechteckige Inlettstücke auf je 31 x 42 cm zuschneiden.
**2** Für den Tunnel, in dem das Band ver-

## SCHUHBEUTEL

**Sticken**

**1** Die Umrisse der Schuhmotive (siehe unten) als Schnittmuster abpausen. Die zwei Schuhe aus einem andersfarbigen Stoff ausschneiden, und wiederum aus einem anderen Stoff die Innenflächen der Schuhe ausschneiden. Ringsum 5 mm umschlagen, wenn nötig, die Nahtzugabe in den Kurven etwas einschneiden. An den Kanten heften, dann bügeln.

**2** Die Schuhmotive auf dem Beutel feststecken, dann anheften. Die Stoffstücke für das Schuhinnere an den entsprechenden Stellen heften. Diese Stücke ringsum mit Kreuzstichen in gleichmäßigen Abständen annähen.

**3** Mit winzigen Kreuzstichen Fadenstücke überfangen, die die Klappen für die Schnürsenkel und die Naht von Oberleder und Sohle symbolisieren. Nach Belieben mit weiteren Kreuzstichen verzieren.

**4** Mit zwei Fäden in der Nadel lange Schlaufen über den Stoff sticken, die wie Schnürsenkel aussehen. Zu einer Schleife binden, dabei die Enden mit kleinen Knoten abschließen. Um die Schuhe Freihand-Kreuzstiche arbeiten.

**5** Heftfäden entfernen.

ALLERLEI NÜTZLICHES

## Wäschebeutel

### Zum Beutel
Größe: ca. 36 x 54 cm
Nahtzugabe: 1,5 cm

### Material
60 x 142 cm Inlett-Stoff
10 x 90 cm andersfarbiger Stoff für den Tunnel
90 cm Band, 2 cm breit
250 cm Ripsband (17 mm breit)
Ausgewählte Stoffreste
Kleine Knöpfe
Pauspapier
Feine Nadel mit Spitze Nr. 6 oder 7
Perlgarn in verschiedenen Farben

### Zuschneiden
**1** Für Vorder- und Rückseite des Beutels zwei rechteckige Inlettstücke auf je 54,5 x 40 cm zuschneiden.
**2** Für den Tunnel, in dem das Band verläuft, zwei andersfarbige Stoffstücke auf je 7 x 39 cm zuschneiden.
**3** Für die Anhänger an den Enden des Zuziehbandes zwei Stoffstücke von je 15 x 9 cm ausschneiden.

### Fertigstellen
**1** An den langen Kanten der beiden Seiten des Tunnels jeweils 1,5 cm auf die linke Seite umschlagen. An den kurzen Enden der Hälften ebenfalls 1,5 cm auf die linke Seite umschlagen. Mit Hohlstichen befestigen.
**2** Eine Seite des Tunnels auf das Vorderteil des Beutels legen, und zwar parallel zu einer kurzen Kante (dies wird das obere Ende des Beutels) und 9 cm unterhalb der Kante. Streifen mittig plazieren, so daß er sich innerhalb der Seitennahtzugabe des Beutelstoffes befindet. Festheften, an beiden Kanten mit Kreuzstichreihen befestigen. Die zweite Tunnel-Hälfte genauso befestigen.
**3** Vorder- und Rückseite rechts auf rechts zusammenstecken und entlang der Seiten- und der Unterkante zusammensteppen. Auf rechts wenden, bügeln.
**4** Das Band zum Einfassen in der Mitte falten (der Länge nach) und bügeln. Das gefaltete Band auf die ungesäumte Stoffkante setzen und an der Nahtstelle beider Enden alles überschüssige Band abschneiden. Festheften und dann entlang der Bandkante Kreuzstiche durch sämtliche Stofflagen hindurch ausführen.
**5** Das Ripsband halbieren und durch beide Seitenöffnungen in den Tunnel einfädeln, so daß zwei Schlaufen entstehen.
**6** An die Enden der Bänder zum Zuziehen kommen die Anhänger. Dazu das Stück Stoff rechts auf rechts in der Mitte falten, so daß die kurzen Enden aufeinanderliegen. Zusammennähen, wenden, Nahtzugabe entlang der offenen Kante nach innen umbügeln. Enden des Zugbandes einführen, festnähen. Zweiten Anhänger genauso arbeiten. Heftstiche entfernen.

### Sticken
Fertigen Sie Flickenapplikationen nach der Anleitung für den Wäschesack auf Seite 95 an.

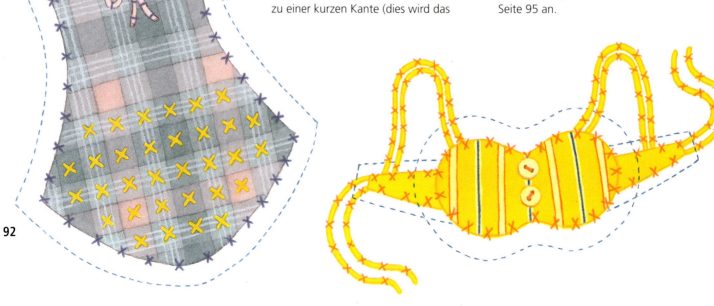

WÄSCHEBEUTEL

### Schmutzwäschesack

#### Zum Beutel
Größe: ca. 69 x 90 cm
Nahtzugaben: 1,5 cm

#### Material
110 x 142 cm Inlett-Stoff (Baumwolle)
20 x 90 cm kontrastfarbiger Baumwollstoff für das Zugband
Ausgewählte Stoffreste
Kleine Knöpfe
Pauspapier
Krüwellnadel Nr. 6 oder 7
Perlgarn in verschiedenen Farben

#### Zuschneiden
**1** Für das Hauptteil ein rechteckiges Stück Inlettstoff von 120 x 68 cm ausschneiden.

**2** Für den Boden einen Kreis von 39 cm Durchmesser ausschneiden.
**3** Für das Zugband zwei Streifen Baumwollstoff von je 8 x 76 cm zuschneiden.
**4** Für die Schlaufen für das Zugband 14 Rechtecke aus den ausgewählten Stoffresten wie folgt zuschneiden: zwei Stücke von 23 x 15 cm, fünf Stücke von 13 x 15 cm und sieben Stücke von 16 x 15 cm.
**5** Schneiden Sie ein Stück Stoff auf 9 x 15 cm zu, aus dem der Anhänger für das Ende des Zugbandes gemacht wird.

#### Fertigstellen
**1** Das Hauptteil rechts auf rechts zusammenlegen, so daß die Seitenkanten aufeinandertreffen. Zu einer Röhre zusammenstecken und -nähen.
**2** Mit der Maschine 1,2 cm über dem unteren Kreis der Röhre eine Linie nähen. Bis zu dieser Linie hoch in regelmäßigen Abständen um den ganzen Kreis herum Einschnitte machen.
**3** Bodenteil rechts auf rechts am unteren Ende der Röhre feststecken und -heften. Annähen und Nähte entsprechend zurechtschneiden.
**4** An der Oberkante des Beutels einen Saum von zunächst 1 cm und dann 1,5 cm umschlagen. Anheften und nahe der Saumkante annähen.
**5** Die Schlaufen für das Zugband werden so hergestellt: Ein Stoffstück der Länge nach rechts auf rechts falten. Entlang der langen Kante zusammennähen, um eine Röhre zu bilden, dann auf rechts wenden. An beiden ungesäumten Enden die Nahtzugabe ins Innere der Röhre umschlagen. Heften und glattbügeln. Nahe der Kante ringsum mit der Maschine vernähen. Alle 14 Schlaufen auf die gleiche Weise anfertigen.
**6** Schlaufen entlang der oberen Kante des Beutels feststecken, so daß sie 3,5 cm über den Beutel überstehen. Jeweils im gleichen Abstand anbringen, wobei die unterschiedlichen Längen beliebig plaziert werden können. Auf der Außenseite des Beutels die Schlaufen entlang ihren Rändern mit Freihand-Kreuzstich

# SCHMUTZWÄSCHESACK

befestigen. Im Inneren mit Hohlstichen annähen.

**7** Das Zugband wird so gemacht: Die zwei Stoffstreifen an einer kurzen Kante rechts auf rechts zusammennähen. Die Nahtzugabe an beiden langen Seiten auf die linke Seite umbügeln. Der Länge nach in der Mitte links auf links falten, so daß diese umgeschlagenen Kanten aneinanderstoßen. Der ganzen Länge nach zusammennähen, nahe am Rand und durch sämtliche Stofflagen hindurch.

**8** Das Zugband durch die Schlaufen an der Oberkante des Beutels führen. Enden zusammenstecken und -nähen.

**9** Den Anhänger am Ende des Bandes stellen Sie so her: Falten Sie das Stoffstück in der Mitte rechts auf rechts zusammen, und zwar so, daß die kurzen Seiten aufeinander liegen. An zwei Seiten zusammennähen. Auf rechts wenden und die Nahtzugabe an der offenen Seite nach innen bügeln. Die Enden des Bandes in den Anhänger einführen und knapp an der Kante vernähen.

### Sticken

**1** Den Handschuhumriß als Schnittmuster abpausen und aus einem Stoffrest ausschneiden. Ringsum 5 mm auf die linke Seite umschlagen und, wo nötig, die Kurven etwas zurechtschneiden. Den gesamten Rand umsticken. Auf dem Handschuh eine Reihe winziger Kreuzstiche als Dekorationsdetails ausführen, drei winzige Knöpfe als Verzierung anbringen.

**2** Ein 15 cm großes Quadrat aus einem andersfarbigen Stoffrest ausschneiden, ringsum 1 cm umschlagen, heften und bügeln. Den Handschuh diagonal auf das Stoffstück legen und anheften. Mit gleichmäßig verteilten Kreuzstichen rings um den Handschuh befestigen.

**3** Weitere Flickenmotive auf die gleiche Weise herstellen (siehe nächste Seite). Aus Stoffresten ausschneiden und mit Knöpfen und Kreuzstichen verzieren. Als Hintergrund für die Motive Rechtecke aus einem andersfarbigen Stoffe ausschneiden. Stoff so zuschneiden, daß um das Motiv noch ein freier Rand bleibt, damit der Stoff ringsum 1 cm umgeschlagen werden kann.

**4** Zwischen die größeren Flicken können ein paar kleinere eingestreut werden. Deren Kanten werden auf die gleiche Weise wie bei den anderen umgeschlagen. Die Flicken ganz nach Belieben auf dem Beutel verteilen und zuerst feststecken, dann anheften. Befestigt werden die Applikationen mit Kreuzstichen, die entlang den Kanten gearbeitet werden.

**5** Heftstiche entfernen.

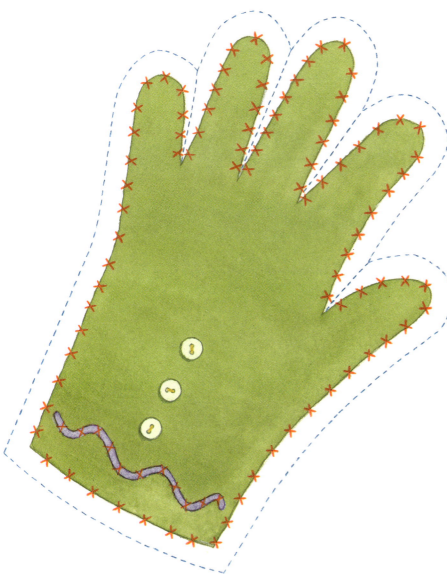

ALLERLEI NÜTZLICHES

96

# Muster und Motive

In diesem Kapitel finden Sie eine ganze Schar von zusätzlichen Motiven, die Sie sowohl als Alternativen zu einigen der bisher gezeigten Entwürfe als auch für eigene Arbeiten verwenden können. Es gibt eine Auswahl an unterschiedlichen Alphabeten, die Sie für Monogramme und Stickmustertücher hernehmen können, dazu eine wahre Fundgrube an herrlichen Miniaturmotiven von Tieren und Blumen bis zu Herzen, Schlüsseln und Kronen und schließlich eine Kollektion verschiedener Bordüren, Medaillons und Eckmotive.

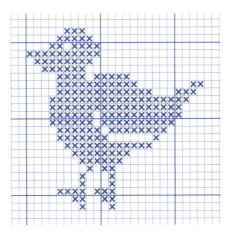

# Alphabet und Zahlen

Siehe Stickmustertücher auf Seite 64–79

**Auf dieser und den folgenden Seiten finden Sie drei unterschiedliche Alphabete, die für die Ausführung der Stickmustertücher und für das Kissen im Wohnzimmer-Kapitel gedacht sind. Die Zahlen können auf die Serviettenringe gestickt werden (siehe Seite 51), und mit den größeren Zahlen können Sie die Kinderdecke verzieren. Die Buchstaben und Ziffern lassen sich anhand anders gerasterten Papiers leicht in einen größeren oder kleineren Maßstab übertragen. Damit können Sie Buchstaben in genau der richtigen Größe in Ihren Entwurf einbauen.**

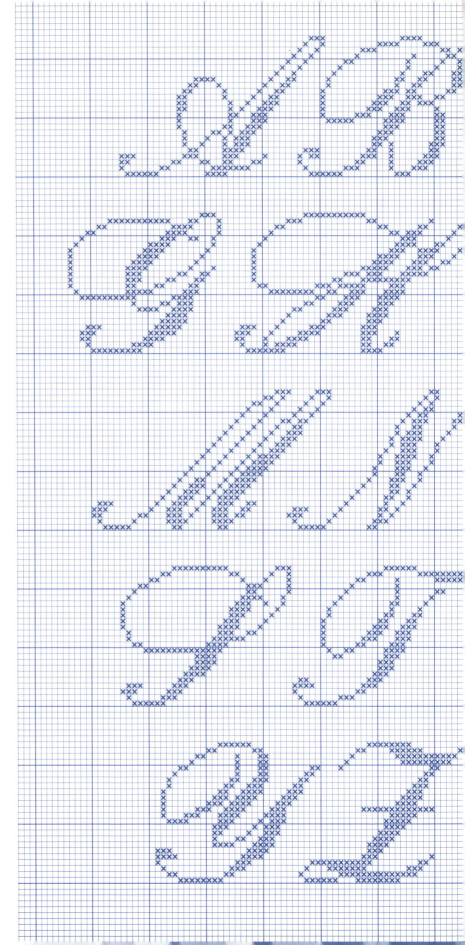

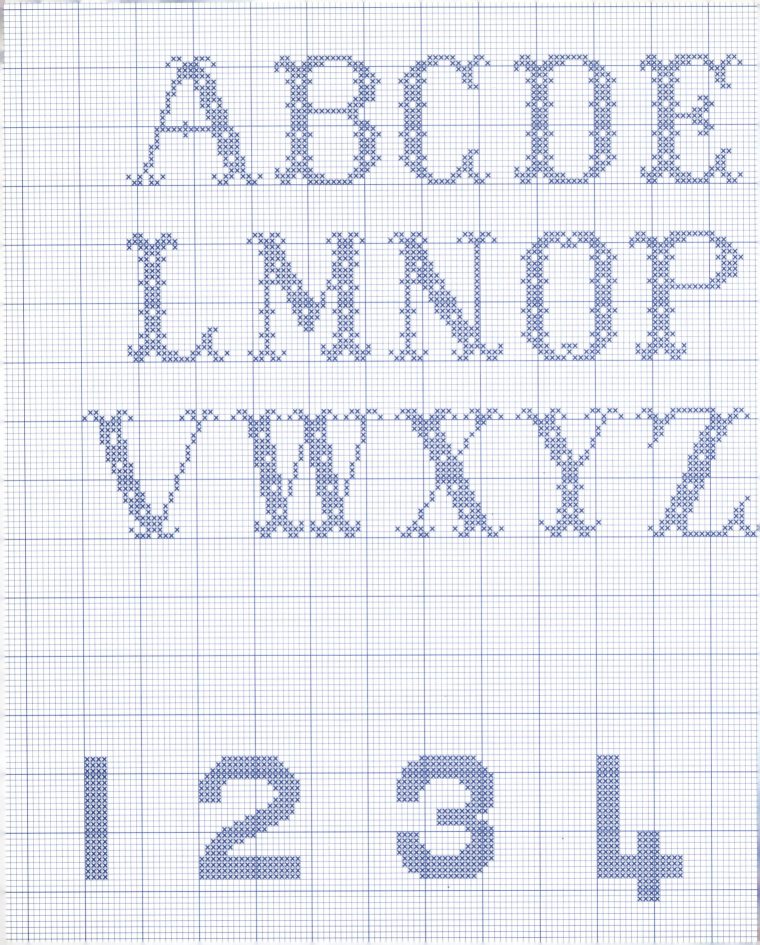

# Blumen, Bäume und Minimotive

Siehe Stickmustertücher auf Seite 64-79

**All diese filigranen Blumen- und Baummotive stehen Ihnen zur Verfügung, wenn Sie noch nach Motiven für die Stickmustertücher und das Musterkissen suchen (siehe Seite 64–79). Die Palette an Minimotiven umfaßt Tiere, Früchte und Blumen, die Sie als zentrale Elemente für einen ganz eigenen Mustertuchentwurf verwenden können. Um dem Ganzen einen wahrhaft königlichen Anstrich zu geben, haben wir auch einige Herzen, Kronen und Schlüssel hinzugefügt, die sich für die Kissenhülle mit Monogramm (siehe Seite 34) oder die Serviettenringe (siehe Seite 51) eignen würden.**

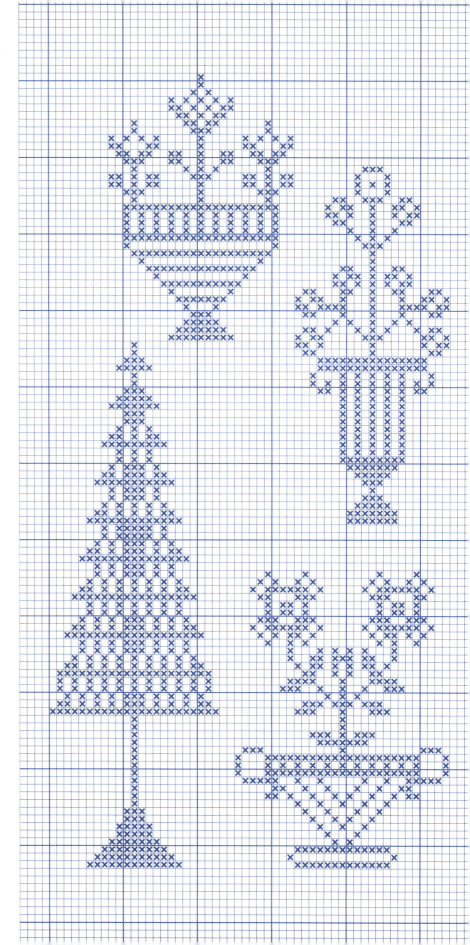

# Traditionelle Bordüren

Siehe Handtuch aus Gerstenkornleinen auf Seite 86

**Mit diesen Bordüren möchten wir Ihnen einige Alternativen zu den Mustern des Vorhang-Schmuckstreifens (siehe Seite 60), des Überwurfs mit Band (siehe Seite 62) oder des Handtuchs aus Gerstenkornleinen (siehe Seite 86) bieten. Dabei sollten Sie die Bordüren stets von der Mitte aus nach außen sticken, um sicherzugehen, daß die Musterwiederholungen vollständig untergebracht werden können.**

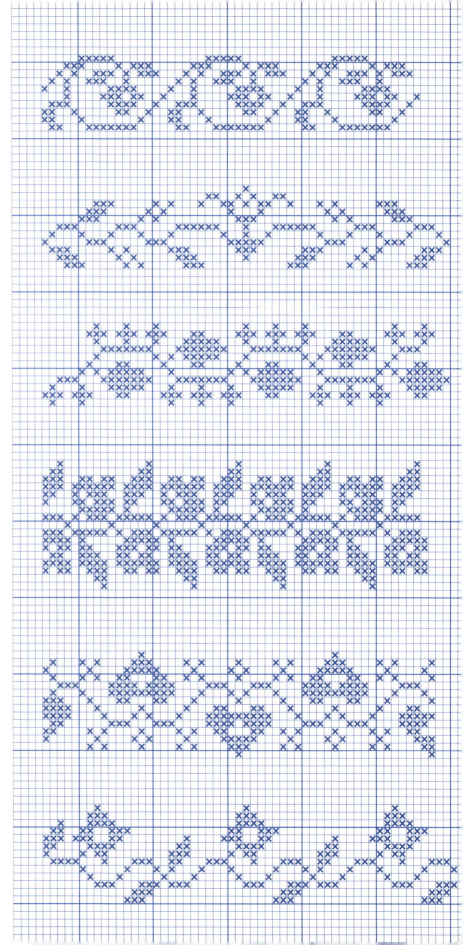

# Medaillons und Eckmotive

Siehe karierte Tischsets auf Seite 48/49

**Diese traditionellen schneeflockenartigen Medaillonmotive und dekorativen Ecken sind als gleichwertige Alternative zum Muster auf den karierten Tischsets (siehe Seite 48/49) gedacht. Wenn Sie sie für einen eigenen Entwurf verwenden, könnten Sie die Medaillons zu einer Reihe anordnen und als Bordüre verwenden oder ein flächendeckendes Muster daraus machen.**

# Register

### A
Abnehmbare Bezüge für Regiestühle, 54–59
Aida, 10
Alphabete, 70, 98–101
Altern lassen, von Stoffen, 19
Anlegen des Musters, 17
Arbeit beenden, 18/19
    Aufziehen, 19
    Briefecken, 18
    Hohlsaum, 18
    Pflege der Stickerei, 19
    Rahmen, 19
    Stoff altern lassen, 19
Arbeitsbeginn:
    ausschneiden, 16
    Muster anlegen, 17
    Muster positionieren, 16
    nach Zählvorlage arbeiten, 17
    Vorbereitung, 16
Arbeitsumfeld, 12
Auftrennen, 15
Aufziehen von Stickmustertüchern und Stickbildern, 19
Ausschneiden, 16

### B
Batist, 12
Baumwolle:
    Garne, 11
    Stoffe, 10
Behang für Borde, 82/83
Bettwäsche, 20-37
    Kinderbettdecke, 36/37
    Kissenhüllen mit Monogramm, 34/35, 98–101
    Quadratische Bettkissen, 26–33
    Zierdecke, 22–25
Beutel:
    Leinenbeutel, 88–95
    Schuhbeutel, 90/91
    Wäschebeutel, 92/93
    Schmutzwäschebeutel, 94–95
Blauer Schmuckstreifen, an Vorhang, 60/61
Blau-weißes Tischtuch, 44–47
Blumenkissen, 26, 30
Bordbehang, 82/83
Briefecken, 18
Bügeln, 19

### C
Cambraistoff, 11

### D
Decken, fürs Kinderbett, 36/37
Deckstiche, 8

### E
Erdbeermuster, auf Überwurf, 62/63

### F
Faden vernähen, 14
Fadenzahl, 10/11
Folklorekunst, 88

### G
Garne, 11
    Baumwolle, 11
    Fäden, 11
    Perlgarn, 11
    Seide, 11
    Wolle, 11
Gerstenkornleinen, Handtuch, 86/87, 106/107
Glühbirnen, tageslichtähnliche, 12
Grundstiche, 8

### H
Handarbeitskörbe, 12
Handtücher, aus Gerstenkornleinen, 86/87, 106/107
Hardanger, 10
Hohlsäume, 18

### I
Inlettstreifen, 88

### K
Karostoffe, 10
Kettenfaden, 10
Kinderbettdecke, 36/37
Kirchenmotiv, Stickmustertuch, 64-69, 102–105
Kissen:
    mit Stickmustertuch, 76, 102–105
    quadratische Bettkissen, 26–33
Kissenbezüge, mit Monogramm, 34/35, 98–101
Körbe, 12
Kreuzstich:
    auftrennen, 15
    ausführen, 14/15
    Definition, 8
    einzeln sticken, 14
    Faden beginnen, 14
    Faden vernähen, 14
    in Reihen, 14
    Rückseite, 15
Kronen- und Herzmotive, 54

### L
Leinen, 10
    -beutel, 88–95
    -handtücher, 86/87, 106/107
Licht:
    Arbeitslicht, 12
    Tageslicht, 19
Lichtquellen, tageslichtähnliche, 12

### M
Material:
    Garne, 11
    Handarbeitskörbe, 12
    Nadeln, 12
    Rahmen, 12
    Scheren, 12
    Stoffe, 10/11
Medaillonmotive, 48, 108/109
Monogramme, 11, 98–101
    Kissenhüllen, 34/35, 98–101
Muster:
    anlegen, 17
    positionieren, 16

### N
Nadeln, 12
    Sticknadeln, 12
    Größen, 11/12
Nützliches im Haushalt, 80–95
    Bordbehang, 82/83
    Handtuch aus Gerstenkornleinen, 86/87, 106/107

Leinenbeutel, 88–95
Schuhbeutel, 90/91
Teewärmer, 84/85
Unterwäschebeutel, 92/93
Wäschesack zum Zuziehen, 94/95

**P**
Perlgarn, 11
Pflege, 19
Positionieren des Musters, 16

**R**
Rahmen von Stickmustertüchern und Stickbildern, 19
Rahmen, 12
Regiestuhlbezug, 54–59
Reihen, Stiche in R. arbeiten, 14
Reinigen, 19
Rosenmotive, 22, 40
Rosenmotive auf Tischtuch, 40–43
Rückseite, 15
Rundrahmen, 12

**S**
Säume, mit entfernten Fäden, 18
Scheren, 12
Schmutzwäschebeutel, 94–96
Schneeflockenmuster, 48
Schuhbeutel, 90/91
Schulmotiv, auf Stickmustertuch, 70–75, 102–105
Schußfaden, 10
Segeltuch, 12
Seidengarne, 11
Serviettenringe, numerierte, 51
Sofas, Überwürfe, 62/63
Sonnenlicht, 19
Sternkissen, 26, 28, 30
Stiche:
  ausführen, 14/15
  Deckstiche, 8
  Fadenzählung, 11
  Grundstiche, 8
  Kreuzstich, 14/15
  Rückstich, 15
  Schlingstich, 15
  Stickmustertücher, 64

Stickbilder:
  altern lassen, 19
  aufziehen, 19
  rahmen, 19
Stickschere, 12
Stickmustertücher:
  altern lassen, 19
  aufziehen, 19
  Kissen, 76, 102–105
  mit Kirchenmotiv, 64–69, 102-105
  mit Schulmotiv, 70–75, 102-105
  rahmen, 19
Sticktwist, 11
Stoffe:
  Aida, 10
  altern lassen, 19
  Baumwolle, 10
  Hardanger, 10
  Karo, 10
  Leinen, 10
  Stramin, 11
  ungleichmäßig gewebte, 11
Stramin, 11
  Nadeln für, 12
  Verwendung von, 17
Stuhlbezüge, 54–59

**T**
Tageslicht, zum Arbeiten, 12
Tee, zum Alternlassen, 19
Teetassenmotive, 82, 84
Teewärmer, 84/85
Tischwäsche, 38–51
  blau-weißes Tischtuch, 44–47
  karierte Tischsets, 48–50, 108/109
  numerierte Serviettenringe, 51
  Rosenmotive auf Tischtuch, 40–43

**U**
ungleichmäßig gewebte Stoffe, 11

**V**
Vorbereitung, 16
Vorhänge, mit blauem Schmuckstreifen, 60/61

**W**
Waschen, 19
Wäschebeutel zum Zuziehen, 92/93
Weall, Barbara, 70
Wohnzimmer, Arbeiten fürs, 52–79
  Bezug für Regiestuhl, 54–59
  blau bestickte Vorhänge, 60/61
  Kissen mit Mustertuch, 76, 102–105
  Stickmustertuch »Kirche«, 64–69, 102–105
  Stickmustertuch »Schule«, 70–75, 102–105
  Überwurf mit Erdbeerbordüre, 62/63
Wollgarne, 11

**Z**
Zählung von Fäden, 10, 11
Zählvorlagen, arbeiten mit, 17
Zierdecke, fürs Bett, 22–25
Ziffern, 51, 98–101

## Danksagung

Die Autorin dankt folgenden Personen für ihre unersetzliche Hilfe bei der Entstehung dieses Buches: Shirley Bradford, die mit ihrem enormen technischen Wissen die Verwendung einiger alter Muster ermöglichte und viele Originalentwürfe samt Zählvorlagen beisteuerte; Alice Nicol, die mit Begeisterung und oft ganz kurzfristig viele der Handarbeiten und Mustertücher für die Fotos herstellte. Für Ihre Sorgfalt und Genauigkeit möchte ich mich ebenso bedanken wie für Ihre fortwährende Unterstützung; Vicky Brooks, dafür daß sie die Leinenbeutel entworfen und angefertigt hat; Sarah Clarke, die verschiedene Arbeiten fertiggestellt hat; Coats Craft UK, insbesondere Stephanie Baker in der Designabteilung, für technische Hinweise und das Beisteuern des Mustertuchkissens und der Teetassenarbeiten; der Firma DMC, die die Stoffe zum Fotografieren bereitgestellt hat; den Minton Archives für die freundliche Erlaubnis, ihre Muster als Anregung für den Bordbehang und den Teewärmer zu verwenden; Deborah Schneebeli-Morell, von der die Kronen- und Herzmuster auf den Stuhlbezügen stammen; Karen Spurgin, die die Bezüge bestickte; und der Irish Linen Guild. Für Leihgaben aus ihren Sammlungen danke ich: Katrin Cargill, Mary Musto, Deborah Schneebeli-Morell, Marylin Garrow, Rebecca Scott Jarrett von Witney Antiques, die mir half, die Herkunft der Stickmustertücher zu ermitteln und die die Leihgabe des Kirchen-Stickmustertuchs in die Wege leitete; Kate Shin von Decorative Textiles und Lesley Hackett vom Annan & Eskdale District Council, die uns das Schul-Stickmustertuch zur Verfügung stellten. Dieses Stickmustertuch wurde mit freundlicher Genehmigung des Annan & Eskdale District Council abgebildet. Dafür, daß sie Material für die Handarbeiten zur Verfügung stellten, danke ich: The Blue Dorr, Streets, Sanderson, V V Rouleaux, Ian Mankin.